《文學論文索引》全編

中册

劉修業等 編

國家圖書館出版社

文學論文索引續編

劉修業　編

中華圖書館協會 1933 年 11 月鉛印本

文學論文索引續編

錢玄同題

文學論文索引續編

序

劉修業女士在國立北平圖書館輯錄國學論文索引三編文學論文索引續編，校印既訖，囑余弁一言，以識顚末。余維自民國十七年中華圖書館協會發起編纂雜誌索引之議，北平圖書館即分任「國學」「文學」兩索引，五年之間，再續三續；續編未出，初編先已售罄，三編未印，續編行將再版矣！於以覘學人需要之殷，而知索引工作能造福利於學者之鉅也。近三四年內，各種定期刊物，亦知努力此項工作，適應時代潮流，各爲專門之介紹，蓋一以便學人，一以廣招徠也。抑余更有所希望者兩端：一、索引附於雜誌之後，所包時代甚暫，因而効力薄弱，應至一相當時期，重新編定，彙爲單行本。尤應長期繼續。如「政治」「教育」兩門索引，清華大學與廣州中山大學會從事編輯，且刋爲專書，然効力不及「國學」「文學」索引之鉅者，則以未能長期繼續之故也。一、各文化機關，應就自己性之所近，擔任此種索引工作。例如社會調查所任「社會經濟」，中華教育改進社任「教育」，政治學會任「政治」之類，則既足隨時調查國人努力之方向，且可應社會人士之急需，最爲一舉兩得。若皆能如北平圖書館之長久努力，俾各學門皆有一索引，總之則全國數千萬冊雜誌得一綱領，分之則學術上各分門各專科各有一線索，其於學者之便利，爲如何乎？

又北平圖書館索引組關於「國學」「文學」兩索引之進行，有可爲預告者：每年或二三年出一編，於雜誌論文之時代性，固能隨時予學人以便利矣；然此種分期結賬，在出至三四編以後，檢查某一問題，勢有分檢各編之勞，則有斷至某年，總結一「大賬」之需要也。劉女士到館以來，不及十月，兩索引均已完成。嗣是「國學」四編，「文學」三編，又將開始，而總結大賬，亦將同時舉行也。謹誌之如此。民國二十二年十一月王重民。

例言

一、本書所收中國雜誌報章共一百九十三種，由民國十七年至二十二年五月止；其中亦有兩三種係民國十二年與十四年間之期刊。此外更收各種文藝論著十冊。

二、所收刊物之名稱及出版處等，已另表列下，按字畫即可索得。茲更就此百數十種雜誌製「十七年至二十二年五月間期刊一覽」附於書後，以便閱者按年索得。

三、本館前出版之文學論文索引所收雜誌報章截至十八年二月止；本編所收十七十八兩年間之刊物，係補前編所未收及。十八年以後，除二十餘種至今仍繼續出版能續前編外，餘均前編未收之新出版之刊物。

四、本書分類與前編大抵相同，惟略有增改茲分述如下

(一)上編：總論包括「文學通論」及「各國文學」兩種論文；前者以性質分

子目，後者以國界而分子目。

(二)中編：分論乃依作品之體製分爲詩歌，戲曲，小說及中國特有之詞與騷賦等類；每類中更就國界或性質分別細目

(三)下編：文學家評傳以國界分目，其排列次序則依作家生年而定後先後。

(四)附錄：共有文學書籍之「序跋」，「書目」，「書籍與作家之介紹」，「文壇消息」，及「藝術」。等六則。序跋之另列一項爲便於參考者檢閱。論藝術之文章，多兼及文學，故關於此等論文附錄以供閱者多所參考。

五、本書每類之目以性質分者，則按字畫多寡爲序；其以國界分者，則以時代而定先後。

六、本書爲便於參考者檢閱，採用互見例；如「金聖嘆及其文學評論」見於「中國文學批評界」，復見於「中國文學家評傳」；餘類推。

七、論文有性質相近篇目太少，不另立類目者，則附於某類後或書「其他」二字以

八、同一論文見於兩種刋物者，只舉一目，下列兩種刋物之名概之；例如劇本之批評與介紹則附於「劇評」後

九、本書雖屬索作之作，亦略爲簡單之介紹，如各國文學家備載其生歿年；中國文學家則兼紀其別號籍貫。新書批評與介紹之類目下，則紀其作者及出版處；其他有價值之作品亦多註明其內容。

十、本書所收刋物多據國立北平圖書館及第一普通圖書館所收存者。上二處所未有者則在松坡圖書館，燕京大學，師範大學圖書館補足之。參考者如就上列各處索閱當可得之。

十一、本書所收雜誌有所遺漏或分類未妥之處，尙希讀者隨時指示，俾他日倘再續三編時便於增改。

一九三三，八，一〇劉修業

文學論文索引目錄

上編　文學總論

6. 新寫實主義——普羅文學 一六——二五

A. 通論 一六——一八

B. 各國普羅文學 一八——二五

(1)中國 中國普羅文藝論戰附 一八——二四

(2)外國 二四——二五

日本 二四

歐美 二四——二五

7. 新興藝術派——自由人的文藝 二五——二八

A. 通論 二五——二六

B. 中國文藝自由的論辨 二六——二八

五、文學創作和翻譯 二八——三二

1. 創作 二八——三〇

2. 翻譯 三一—三二
六、文學批評 三二—三七
1. 通論 三二—三五
2. 分論 三五—三七
A. 中國歷代的批評界 三五—三六
B. 外國的批評界 三六—三七
C. 各種主義的批評界 三七
七、文學研究法 三七—四二
1. 通論 三七—三九
2. 西洋文學研究法 三九
3. 讀書經驗談 三九—四二
八、文學家 四二—四七

文學論文索引目錄

1. 通論 ... 四二—四四
2. 詩人 ... 四四—四五
3. 文學家所產生之影響和貢獻 ... 四六
4. 文學家與其他 ... 四六—四七

九、文學與其他之關係

1. 文學與自然 ... 四七—五三
2. 文學與人生 ... 四六—四七
3. 文學與時代 ... 四八
4. 文學與社會 ... 四八—四九
5. 文學與革命 ... 四九
6. 文學與戰爭 ... 四九—五〇
7. 文學與個性 ... 五〇

四

C. 論語體文 方言文藝附　　六二—六三
E. 文學史　　六三—六四
D. 文法和修辭　　六四—六五
F. 專著　　六五—六七
3. 東亞其他各國文學　　六七—六九
A. 日本　　六七—六八
B. 印度和土耳其　　六八
4. 歐美各國文學　　六九—七八
A. 通論　　六九—七〇
B. 英國　　七〇—七一
C. 美國　　七一—七二
D. 俄國　　七二—七四

E. 法國	七四——七五
F. 德國	七五
G. 匈牙利	七五
H. 其他各國	七五——七七
I 歐美文學家的書信和隨筆	七七——七八
十一、平民文學	七八——七九
1. 通論	七八
2. 中國民間文學	七九
中編 文學分論	
一、詩歌	八一——一〇五
1. 通論	八一——八四

2. 詩歌的起源和性質 八四
3. 詩的韵律和藝術 八五
4. 詩與其他 八五——八六
5. 各體詩論——詩之種種 八六——八七
6. 中國詩歌 八七——一〇三
A. 舊詩 八七——九九
(1) 概論 歷代詩敍略附 八七——九〇
(2) 專論 九〇——九四
(3) 作品 九四——九五
(4) 評讀 舊詩集評介附 九五——九七
(5) 詩話 聯語附 九七——九九
B. 新詩 九九——一〇三

（1）概論 .... 九九—一〇〇
  （2）批評 新詩集評介附 .... 一〇一—一〇三
 7. 外國詩歌 .... 一〇三—一〇五
二、民歌
 1. 通論 .... 一〇五—一〇六
 2. 各地民歌
  A. 中國 .... 一〇七—一一〇
  B. 外國 .... 一一〇
三、楚辭與賦 .... 一一〇—一一二
四、詞
 1. 概論 歷代詞敘略附 .... 一一二—一一七
 2. 詞話 評讀札記附 .... 一一四—一一五

3. 雜誌 一一六
4. 論詞之解放 一一六——一一七
五、戲曲 一一七——一一六
1. 戲劇通論 歷代戲劇叙略附 一一八——一二〇
2. 各種戲劇 一二一——一二三
3. 寫劇 一二三——一二四
4. 演劇 劇上演記附 一二五——一二七
5. 舞臺 各國劇場狀況附 一二八——一三一
6. 戲劇與其他 一三一——一三二
7. 影戲 一三二——一三七
A. 概論 一三三——一三五
中國 一三三

六、小說

俄　一九〇——一九二
其他各國　一九二
七、神話童話故事　一九二——二〇〇
1. 神話　一九二——一九四
2. 童話　一九四——一九五
3. 故事　一九五——二〇〇
八、新聞雜誌學和小品文　二〇〇——二〇一
1. 新聞和雜誌　二〇〇——二〇一
2. 小品文　二〇一
下編　各國文學家傳略
一、中國文學家　二〇二——二一六

1. 評傳
 A. 歷代文學家評傳 ……………………… 二〇三―二二一
 B. 現代文學家評傳 ……………………… 二二一―二二五
2. 紀念和追悼文字 ………………………… 二二五―二三五
3. 文學家逸訊 …………………………… 二二六

二、日本文學家
1. 評傳 …………………………………… 二二七―二二九
2. 軼事 …………………………………… 二二九

三、印度和其他東方各國文學家 ……………… 二二九―二三〇

四、歐美文學家
1. 希臘和羅馬文學家評傳 ………………… 二三〇―二三一
2. 意大利文學家評傳 ……………………… 二三一―二三二

B. 軼事	二六四——二六五
8. 德國文學家	
A. 評傳	二六五——二七二
B. 軼事	二七一——二七二
9. 奧國文學家評傳	二七二
10. 瑞典文學家評傳	二七三
11. 匈牙利文學家評傳	二七三——二七四
12. 比利時文學家評傳	二七四
13. 挪威和丹麥文學家評傳	二七四——二七六
14. 其他各國文學家評傳	二七六——二七七
三、各國文學家的合傳和比較觀	二七七——二七九
四、各國文學家的自傳	二八〇——二八三

一七

附錄

本書所收雜誌卷數號數一覽

非純文藝雜誌雖間亦見到關於文學的論著，但非逐期皆有，本表亦只就所收者列其卷數號數，如民衆教育季刊，只收「民間文學專號」，則只列此一卷。

二畫

二十世紀 上海二十世紀雜社編輯，辛懇書店發行。民國二十年二月創刊。收一卷一至八期。

三畫

大戈壁 大戈壁雜誌社編輯。民國二十一年一月創刊。收一卷一，四，五期。

大陸 南京大陸雜誌社編輯。南京書店發行。民國二十一年七月創刊。收一卷一至九，十期合刊。

大聲 大聲週刊社編輯兼發行。民國二十二年四月創刊。收一卷一期。

大公報文學副刊 隨天津大公報發行。續前編收一百零一期至二百八十二期。（十九年一月至二十二年五月）

小說月報 鄭振鐸主編，商務印書館發行。續補前編收十一卷一至六號，又二十一卷一號至二十二卷十二號。

小說月刊 沉從文等主編，蒼山書店發行。民國二十一年十月創刊。收一卷一至四號。

女師學院季刊 河北省立女子師範學院女師中部學生自治會編。民國二十一年十一月創刊。收一冊。

四畫

不忍 康有為主編，上海廣益書局發行。續前編收九，十兩册。

巴爾底山 上海巴爾底山社編輯，民國十九年四月創刊。收一至三期。

中央大學半月刊 南京中央大學發行。民國十八年十月創刊。收一卷十二期至二卷五期。

中華公教青年會季刊 中華公教青年會總部編輯。民國十八年九月創刊。收一至四期。

中學生 豐子愷夏丏尊等主編，開明書局發行。民國十九年二月創刊。收第二期至三十一期。

中大國學叢編 中國大學編輯彙發行。民國二十年五月創刊。每兩月出一册收一至五期。

中法大學月刊 中法大學月刊編輯部編。民國二十年十一月創刊。收一卷一期至二卷三，四，期合刊。

中庸半月刊 中庸學社編輯，中庸書店發行。民國二十二年三月創刊。收一至六期。

中國新書月報 新書月報社余甦生主編，華通書局發行。民國十九年十二月出版。收一卷一號至二卷八號。

中國雜誌 南京中國雜誌社編輯彙發行。民國二十年九月創刊。收一至四期。

中國文藝論戰集 李國林編，中國書店發行。民國十九年四月三版收一册（該集搜羅民國十七年間中國文藝界關於普羅文學爭論的文字，開始由於創造社和一般人嚷出革命文學的口號後，其他文藝刊物如「語絲」「小說月報」「新月」等發表反對和譏諷文字，又引起創造社和自命普羅作家們反駁的文章。）

中國現代女作家 賀玉波編著，現代書局發行。民國十九年九月出版。收一冊。

中國文學史綱要 賀凱編著，北平著者書店發售。民國二十二年一月出版。收一冊。

文理 浙江大學文理科專刊。民國二十年六月一日出版。收第二期

文化雜誌 中國文化科學社編輯，神州國光社發行。民國二十一年九月創刊。收第一冊。第二冊改名文化季刊繼之

文化季刊 中國文化科學社編輯，繼續文化雜誌民國二十二年一月出版。收第二冊

文學叢刊 成都大學中國文學系編輯，成都大學發行。民國十八年創刊收一集。

文學月刊 清華中國文學會出版部編輯，民國二十年四月創刊。收一卷一期至三卷一期

文學月報 上海文學月報社編輯兼發行。民國二十一年六月創刊。收一至六期

文學年報 燕京大學國文學會編輯兼發行。民國二十一年七月出版。繼睿湖而出收第一期

文學雜誌 文學雜誌社編輯，北平西北書局發行。民國二十二年四月創刊。收創刊號。

文藝雜誌　河南中州大學文藝研究會編輯。民國十四年創刊。收一，二期

文藝生活　上海文藝生活社編輯兼發行。民國十七年十二月創刊。收一至三期。

文藝月刊　南京中國文藝社編輯，民國十九年八月創刊。收一卷一期至三卷九，十期合刊

文藝雜誌。柳子亞主編，上海文藝雜社發行。民國二十年四月創刊。收一，二期

文藝研究　文藝研究社編輯，大江書鋪出版。民國二十年二月創刊。收一期

文藝新聞　文藝新聞社編輯。民國二十年三月創刊。收一至二十一期。

文藝戰線，北平文藝戰線社編。民國二十年九月創刊。收一至五十二期，缺十九三十二兩期

文藝之友　上海文友社編輯，新時代書局發行。民國二十一年出版。收一，三，四期。

文藝茶話　章衣萍等主編，上海文藝茶話社發行。民國二十一年八月創刊。收一卷一至六期。

文藝月報　文藝月報社主編，北平立達書局發行。民國二十二年六月出版。收創刊號

文藝論集　郭沫若著，上海先華書局發行。民國十六年三版。收一册

文藝創作講座　光華書局出版。民國二十年六月創刊。收一，二集

文藝自由論辯集　蘇汶主編，現代書局發行。民國二十二年三月出版。收一册

天津益世報副刊　天津益世報社發行。二十一年九月後該報內容擴充，內附有語林（十月十五日創刊）文學週刊（梁實秋主編，十一月創刊。）劇戲與電影（十一月九日創刊）收十八年至二十二年五月。

五畫

民俗　中山大學語言學研究所編輯。續前編收九〇期至一〇八期。

民彝雜誌　馬其昶姚永概等主編。內容純係承繼桐城派古文。民國十七年一月創刊。收一至十二期。

民鳴月刊　學術研究會總會編輯兼發行。民國十八年五月創刊。收第一期。

民衆教育季刊　民衆教育季刊社編輯。民國二十一年八月創刊。收三卷一號（民間文學專號）

民衆生活　雲南省立昆華民衆教育館編輯。民國二十一年五月創刊。收一至十七期。

民鋒半月刊　江西文藝社編輯兼發行。民國二十一年十一月創刊。收一至三期。

史學雜誌　南京中國史學會編輯兼發行。民國十九年三月創刊。收二卷五，六期。

史學年報　燕京大學史學會編，北平景山書社出版。民國二十年二月創刊。收第二卷三期。

北新半月刊 上海北新書局編輯兼發行。續前編收四卷六期至二十六期

北斗月刊 丁玲主編，湖風書店出版。二十年九月創刊。收一卷一期至二卷四期

北大週刊 通訊處北京大學第一院。民國二十年創刊。收一期

北大學生 北大學生月刊委員會編輯兼發行。民國二十一年六月創刊。收一至六期。

北國 北國月刊社編輯兼發行。二十一年九月創刊。收一至三期。

北平華北日報副刊 北平華北日報社發行。收民國十八年十九年全份

北平晨報副刊 北平晨報社發行。內附有藝圃，劇刊（十九年十二月二十一日創刊。）學園（十九年十二月十七日創刊。）時代批評（二十一年二月二十四日創刊）收十九年十二月至二十二年五月止

平明雜誌 許逸上編，北平平明雜誌社發行。民國二十一年五月創刊。

矛盾月刊 矛盾出版社編輯兼發行。民國二十一年四月出版。收一至四期。

世界雜誌 楊晢明編，世界書局發行。民國二十年二月創刊。收一卷一期至二卷五期。

世界文學家列傳 孫俍工編，中華書局發行。十九年二月再版收一冊。（該集所紀諸作家生平略而不詳，但其排列次序以國界分組，且於每個

作家生歿年月記載明了，易於檢閱。）

六畫

自强月刊　自强月刊社編，自强書店發行。民國二十一年十月創刊。收一期。

先導半月刊　廣州先導社編輯兼發行。民國二十一年十二月創刊。收一至四期。

安徽大學月刊　安徽大學編輯委員會編輯兼發行。民國二十一年二月出版。收一卷一期

百科雜誌　北京大學百科雜誌社編輯。民國二十一年七月創刊。收一期。

冰流　通訊處北京大學三院。民國二十二年一月創刊。收創刊號。

七畫

沉鐘　北平沉鐘社編輯兼發行。民國二十一年創刊。收十三至十九期。

武大文哲季刊　武漢大學發行。民國十九年四月創刊。收一卷一期至二卷二期。

八畫

采社雜誌　山西國民師範高師采社編輯。續前編收三期至六期。

孤輿雜誌　河南中州大學孤輿社編輯。民國十四年十一月出版。收一至八期。

兩週評論　王種莊主撰，杭州兩週評論社發行。民國二十年創刊。收一至十期。

河南一師期刊　河南一師編輯。民國十九年七月創刊。收一期

河南大學文科季刊　大中文科編輯部編。民國十九年一月創刊。收第一期。

私立無錫國學專修學校叢刊　無錫國專學生會編輯兼發行。民國二十年一月創刊。收一，二期

亞丹娜半月刊　杭州西湖亞丹娜社編輯兼發行。民國二十年創刊。收一至十期。

亞波羅　杭州江湖國立藝術專科學校編。收一至十期。

青年界　石民趙景深等主編，北新書局發行。民國二十年三月創刊。收一卷一至五期又二卷三期

青年世界　青年雜誌社編輯，上海重慶書店發行。民國二十一年出版。收一至十期

金陵學報　南京金陵大學學報編輯委員會編輯。民國二十年五月創刊。收一，二期

金陵女子文理學院年刊　金陵女子學院發行。收民國二十年一冊

東方雜誌　商務印書館編輯兼發行。續前編收二十八卷一號至三十卷四號

東北叢鐫　遼寧教育社編輯。民國十九年創刊。收十二至十七期。

東方文藝　東方文藝社編輯兼發行，現代書局發行。民國二十二年一月創刊。收一至四期

東聲雜誌　東聲社主編，廣州現代書局發行。民國二十二年一日創刊。收創刊號

東吳　蘇州東吳大學社東吳學報主編。民國二十二年四月創刊。收第一期。

九畫

南開大學週刊　南開大學週刊部編輯。續前編收九一至一三六期

南大半月刊　南開大學出版社發行。民國二十二年四月創刊。收創刊號

南風月刊　光華書局出版。民國二十年四月創刊。收一，二期

南華文藝　曾仲鳴主編，上海未央書店發行。民國二十一年一月創刊。收一卷一至十四期

南方雜誌　中國國民黨廣西省整理委員會編輯兼發行。民國二十一年六月創刊。收一至六期。

南音月刊　南音文藝月刊社編輯，現代書局出售。民國二十二年二月創刊。收第一期

春笋季刊　輔仁大學春笋社編輯。民國十八年五月創刊。收一卷一期至三卷一期

重華月刊　東北大學南校重華學社編輯。民國二十年創刊。收第一期

突進雜誌　北大突進社編輯。民國二十年十二月創刊。收十二至十七期

協大季刊　福建私立協和大學學生自治會出版部編輯。民國十九年十二月創刊。收第一期

協大學術　福建協和大學出版委員會編輯。民國二十一年四月創刊。收第二期

前鋒月刊　現代書局發行。民國十九年十月創刊。收六，七期

前途雜誌　上海前途雜誌社編輯兼發行。新生命書店代售。民國二十二年一月出版。收一卷一至五期

珊瑚半月刊　范烟湖主編，民智書局等處發行。民國二十一年七月創刊。收二卷一至七期。

飛瀑半月刊　絜茜北平分社編輯，羣衆圖書公司代售。民國二十年一月創刊。收創刊號

十畫

眞美善　上海眞善書店編輯。續前編收五卷一號至七卷三號。

師大國學叢刊　北平師範大學國文學會編輯。民國十九年十一月創刊。收一卷一，二期。二卷二，三期

師大月刊　師範大學月刊編輯委員會編輯。民國二十一年十一月創刊。收二，三期

草蟲旬刊 隨益世報發行。民國二十年六月創刊原名週刊，後因內容擴充篇幅加大改名旬刊。收一至四十八期。

時代文化 時代文化社編輯，大東書局代售。民國二十年九月創刊。收一至五期。

時代公論 南京時代公論社編輯，每週一本。民國二十一年四月創刊。收六期至二十期。

十一畫

婦女雜誌 商務婦女雜誌編輯。續前編收十七卷一至十二號。

清華週刊 清華大學週刊部編輯。續前編收三十三卷一至十四期，三十四卷一至十期，三十五卷一至十期，三十六卷一至十二期，三十七卷全，三十八卷一至十二期，三十九卷一至十期。

清華學報 清華學報社編輯。續前編收七卷一期至八卷一期。

晨星 初為半月刊，在河南發行，自一卷十二期後改為月刊，由北平樸社發行，出至二期即行停刊。補前編收一至七期。

黃鐘 杭州黃鐘文學週刊社編輯。民國二十一年十月創刊。收一期。

海濱文藝 海濱文藝出版部編輯兼發行。民國二十一年六月創刊。收創刊號。

彗星 南京白門文會彗星編輯部主編兼發行。民國二十二年一月創刊。收一至五期。

國立中山大學語言研究所週刊 廣州國立中山大學語言史歷研究所編輯。續前編收九七至一一二期

國立浙江大學季刊 浙江大學季刊編輯委員會編輯。民國二十一年一月創刊。收一卷一期

國立中山大學文史學研究所月刊 國立中山大學文史學研究所編輯。民國二十一年一月創刊。收卷一卷一，二期

國立北平圖書館館刊 國立北平圖書館館刊編輯部編，各大書店代售，民國十七年六月創刊。收四卷一期至五卷六期

國學季刊 國立北京大學國學季刊編輯委員會編輯。續前編收三，四兩期。

國學叢選 國學商兌會編輯。民國十二年再版。收第一至十四集。

國學彙編 私立齊魯大學文學院國學研究所編輯，出版部發行。民國二十一年十月出版。收第一册

國聞週報 天津國聞週報社編輯。續前編收八卷一期至十卷十二期。

國師月刊 山西師範月刊委員會編輯。收三卷八、九期。

國語週刊 北平國語統一會編輯。民國二十年創刊。收一至十九期

國風月刊 華北中華國風社編輯。民國二十一年五月創刊。收一至三期。

國風半月刊。國風社詒柳徵等編輯兼發行。民國二十一年九月創刊。收一至十號

國際文化雜誌 國際文化雜誌社編輯。神州國光社代售。二十二年四月創刊。收創刊號。

現代文化 南華書店發行。民國十七年八月創刊。收一卷一期。

現代小說 現代書局發行。民國十八年一月創刊。收三卷一，二期。

現代文學月刊 趙景深主編，北新書局出版。民國十九年六月創刊。收一至六期。

現代文學評論 李贊華編輯，現代書局發行。民國二十年四月創刊。收一卷一至三期。

現代文藝 葉靈鳳主編，現代文藝社發行。民國二十年四月創刊。收一卷一，二期。

現代學生 孟壽椿劉大杰生編，大東書局發行。民國十九年十月創刊。收一卷一期至二卷一期。

現代學術 現代學術月刊社編輯，文華美術圖書印刷公司發行。民國二十年八月創刊。收一，二期。

現代月刊 北平現代月刊社編輯彙發行。民國二十年七月創刊。收一卷一至五期又二卷一，二期。

現代 施蟄存主編，光華書局出版。民國二十一年五月創刊。收一卷一期至三卷一期。

現代出版界 現代書局編輯部編，現代書局發行。民國二十一年十一月出版。收六至十一期。

現代中國文學家 錢杏邨著，泰東書局發行。續前編收第二卷。

現代中國女作家　黃英編著，北新書局印行。收一册。

現代中國女作家　草野編著，人文書店出售。民國二十一年九月出版。收一册。

現代的評傳　現代書局出售。民國二十二年出版。收一册。

十二畫

朝華月刊　天津女師範學院朝華編輯部編。民國十八年十二月創刊。收二卷一至六期又三卷一期。

無錫國專學生自治會季刊　無錫國專學生自治會編輯。民國十九年十二月創刊。收一期。

萌芽月刊　上海萌芽社編輯，民國十九年一月創刊。該刊係魯迅等轉變後繼奔流而出。收二至五期，三期缺。

萬人雜誌　廣州萬人雜誌社編輯。民國十九年四月創刊。收一至四期。

進展月刊　北平進展月刊社編輯。民國二十年八月十五日創刊。收一，二期。

開拓　北平開拓社編輯。民國二十年十月創刊。收一至八期。

創化雜誌　上海中國文化協會編輯。民國二十一年五月創刊。收一，二期。

絜茜　張資平丁丁等主編，上海羣衆圖書公司發行。民國二十二年一月創刊。收一，二期。

詞學季刊。龍沐勛先生主編，民智書局出版。民國二十二年四月創刊。收創刊號

厦大週刊 厦門大學週刊部編輯。續前編收十一卷十五期至十二卷二十期。

厦大學報 厦門大學編譯委員會編輯，事務處販賣股發行。民國二十一年十二月創刊。收一，二期。

十三畫

齊大月刊 山東齊魯大學編輯，民國十九年十月出版。收一卷二期至二卷七期

齊大季刊 齊魯大學編輯。民國二十二年創刊。收第一期

詩刊 上海新月書店詩刊社編輯兼發行。民國十九年十二月創刊。收一，二冊

搖籃 上海復旦大學外國文學系出版。民國二十年一月創刊。收第一期。

微音月刊。蔡慕暉主編。民國二十年三月創刊。收一卷一期至二卷九，十期合刊。缺二卷一，二期。

當代文藝 陳穆如主編。神州國光社出版。民國二十年七月再版。收一卷一期至二卷五期。

電影與文藝 天津精華印書局發售。民國二十一年十二月創刊。收一至五期。

楓葉 楓葉月刊社主編。民國二十二年創刊。收創刊號。

新月月刊 上海新月書店編輯。續前編收二卷十期至四卷四期。

新興文化 北平新興文化社編輯兼發行。民國十八年八月出版。收六，七期。

新學生 上海光華書局出版。民國二十年創刊。收第一期。

新時代半月刊 武漢大學新時代社編輯兼發行。民國二十年五月創刊。收三卷一至六號。

新時代月刊 曾今可主編，上海新時代月刊社發行。民國二十年八月創刊。收一卷一期至四卷一期（詞解放專號）

新地月刊 北大新地月刊社編輯。民國二十一年一月二日創刊。收一至六期。

新創造半月刊 上海創造半月刊編輯。民國二十一年四月創刊。收一至四期。

新中華 上海新中華雜誌社周憲文等主編，中華書局發行。民國二十二年一月創刊。收一至三期。

新壘月刊 上海大夏大學新壘文藝月刊社編輯兼發行，樂羣書店代售。民國二十二年一月創刊。收一至五期。

新大衆 新大衆社編輯。民國二十二年四月創刊。收創刊號。

十四畫

圖書館學季刊 中華圖書館協會編輯兼發行民國十五年創刊。收四卷一至五卷一期

圖書評論　劉英士主編，圖書評論社發行。民國二十年四月創刊。收一至六期。

廣東中山大學文史研究所輯刊　廣州國立中山大學研究所發行。民國二十年七月創刊。收一卷一册

廣西青年。廣西青年間刊社出版。民國二十一年十月創刊。收十，十二，十三册

睿湖　燕京大學國文學會編輯。續前編收第二期。

劇學月刊　徐凌霄主編，南京戲曲音樂院北平分院研究所發行。民國二十一年一月創刊。收一卷一至十一期又二卷一至三期。

十五畫

橄欖月刊　南京綫路社編輯兼發行。民國十九年創刊。收十一期至三十一期。

暨南大學文學院集刊　暨大集刊編輯委員會編輯。民國二十年一月出版。收一，二集

摩爾寧　北平摩爾寧月刊社編輯兼發行。民國二十年十月出版。收一，二期。

十六畫

學生雜誌　上海學生雜誌編輯。續前編收十六卷一至四號

學藝雜誌　上海中華學藝社編輯。，商務發行。收十卷一至七號又十二卷一號

學衡雜誌　吳宓主編，中華書局發行。續前編收六十七至七十四期。

學文　通訊處北平中海居仁堂王重民謝國楨，北平圖書館等處代售。民國十九年十一月創刊。收一至五期。

學風　安徽省立圖書館編印兼發行。民國十九年十一月創刊。收二卷九，十期

學舌　國稻孫主編，壽泉東文書藏出版。民國十九年五月出版。收一卷一，二期

學術月刊號　上海國立暨南大學學術月刊社主編。民國二十二年五月創刊。收創刊

燕大月刊　燕京大學月刊部編輯。續前編收五卷四期至八卷三期。

鷺榮月刊　北平鷺榮文學社編輯。補前編收第一期。

勵學　河南大學勵學社編輯。民國十八年創刊。收一至三期。

醒鐘月刊　民國學院出版課編輯。民國二十一年七月創刊。收一至四期。

獨立評論　北平獨立評論社編輯。民國二十一年三月創刊。收一至二十四期

十七畫

戲劇月刊　劉豁公編。續前編收二卷二期至三卷十一期。

戲劇雜誌　廣東戲劇研究所編，神州國光社發行。續前編收二卷一至六期。

戲劇與文藝　北平戲劇與文藝社編。續前編收一卷八期至十一期。

戲劇叢刊　北平國劇學會編輯兼發行。民國二十一年一月創刊。收第一至三期

十八畫

歸納學報　重慶歸納學報社編輯。民國二十年四月創刊。收一期。

鞭策週刊　北平鞭策週刊社編輯。民國二十一年三月創刊。收一至二十五期。

十九畫

藝林　南京中央大學藝林旬刊社編輯。續前編，收十一至十九期。

藝觀　中國藝術學會編輯。民國十八年三月創刊。收一至五期。

藝術月刊　沈端先主編。北新書局代售。民國十九年三月創刊。收一，二月號。

藝術　上海美術用品社出售。民國二十二年一月創刊。收一，二月號。

藝風　杭州藝風雜誌社編輯，嬰嬰書屋發行。民國二十二年一月創刊。收一，二期。

二十一畫

讀書月刊 光華書局出版。民國二十年創刊。收二卷一至五期。

讀書雜誌 王禮錫等編，神州國光社出版。民國二十年四月創刊。收一卷一號至三卷二號。

文學論文索引續編

上編　文學總論

一、通論

文學論　梁實秋　天津益世報文學週刊一期至八期（二十一年十一月五，十二，十九，二十六日。十二月三，十，十七，二十四日）

文學概論　匡亞明　文藝創作講座第二卷

文學概論　䔥鑑照　武大文哲季刊一卷四期

文學一般論　芥川龍之介　文藝創作講座第一卷

文學要略　林損　唯是第一册

文學界說的探討　汪靜之　自强月刊創刊號

文學集合的研究　梁實秋　天津益世報文學週刊十期（二十二年一月七日）

文學是不是科學　余慕陶　文藝新聞十四號　中庸半月刊一卷六期

文學的將來　Care Van Doren 著　夏雨時譯　現代學生二卷三期

文學上理智的修養　黎錦明　國聞週報九卷二十二，二十三期

文學的使命　袁昌英　新時代半月刊三卷四期

文學在當前的時代使命　野馬　突進半月刊七期

文學對於外界現實的追求　傅雷　藝術一月號，二月號

文學的方與色彩　李雁晴　孤興第七，八合期——文學概論第六編之一章——

文藝論　張資平　青年世界一卷一至十期

文藝新論　洪爲法　文藝月刊一，二期

文藝新論　美斯賓格恩（J. E. Spingarn）著。李濂李振東譯　北平華北日報副刊（十八年三月二十二，二十五，二十七，二十九日）

文藝談　心史　小說月報五卷一，二號

文藝閒話　微微等　現代小說三卷一，二期

文藝雜觀　天境　萌芽月刊第四期
內容：（一）中國文學的自覺，（二）社會鬥爭要素與文學價值，（三）革命期與藝術，（四）中國無產文學運動是抄日本的嗎？

文藝隨筆 寒生 北斗月刊二卷一期
內容：係雜感一類的文字

文藝是什麽 潘恩霖 藝風一卷二期

文藝史之方法論 胡秋原 讀書雜誌一卷一號

文藝理論講座 馮乃超 拓荒者一卷一，二期

文藝新論 洪爲法 文藝月刊一，二期

文藝建設論 承禮 民鋒半月刊二期

文藝在品性修飾上之價值 曹謙先生演講 洪玉山唐文賢記。廈大週刊十二卷十五期（三〇六號）

文藝道上 孫福熙 新中華創刊號

文藝上的衝動說 張資平 藝林十八，十九期

文藝的苦工 汪倜然 世界雜誌二卷三期

文藝復興的解剖 念初 心音一卷一期

文藝術語解說 文藝創作講座第一卷

何謂文學　王啓僙　學生文藝叢刊七卷三期

什麼是文學　黃永眞　勵學第三期

關於文學感想的斷片　N. C.　文藝生活第三號

關於斯台爾夫人的文學論　日本枌槤夫著　東聲譯　文藝月刊二卷八，九號

車勒芮綏夫斯基的文學觀　俄Г.V.蒲力汗諾夫著　魯迅譯　文藝研究一卷一本（本篇係全書的第一章討論文學及藝術的意義）

朗該諾斯「莊嚴論」　楊晦譯　沉鐘十九期

般瓊生談「文」　楊晦譯　沉鐘十七期

樸列汗諾夫與藝術之辯證底發展問題　佛理采著　胡秋原譯　讀書雜誌二卷九期

時代文學論　白杰　文藝戰線二十九期

近代文學之趨勢　盛成先生講　清華中國文學會月刊一卷三期

刺的文學　黃鵬基　京報副刊莽原二十八期

動的文學　鐵青　燕大月刊七卷一，二期

古典文學的意義（指精美而典雅的文學）程愼吾　天津益世報文學週刊二十期（二十二年三月二十五日）

認識生活的文藝　非非　搖籃一卷一期

綽號文學底硏究　劉大白　世界雜誌二卷一期

壁上文學論　婁子匡　南華文藝一卷九，十期合刊

都市文學　羅曼思　天津益世報副刊（十八年十一月七日）

報告文學論　日本川口浩作　沈端先譯　北斗月刊二卷一期

報告文學論　袁殊　文藝新聞十八號

沒有文學概論　趙景深　文藝新聞九號

萬人文學論　春英紅雨　萬人雜誌一卷二期

內容：（一）文學本質與形式，（二）文學的個人性與社會性，（三）文學之大衆化的歷程，（四）由個人文學到團集文學，（五）文學與生活的結合，（六）萬人文學。

帝王文學論　于丙離　師大國學叢刊一卷三期

阿迪生論「幽默」　蓮子　天津益世報文學週刊十期（二十二年一月七日）

中西幽默異同說　趙少侯　天津益世報文學週刊十一期（二十二年一月十四日）

幫忙文學與幫閒文學　魯迅先生講　論語半月刊八期

「幫忙文學與幫閒文學」質疑　吳定　天津益世報文學週刊十一期（二十二年一月十四日）

論雄辯文學　魯鈍　華北日報副刊（十八年一月四，五，八，九，十日）

內容：小引雄辯的起源—何謂雄辯—在英國—法蘭西底十八世紀與十九世紀—俄國雄辯文人及政論

論散文與詩　A. Sgmons作　石民譯　文藝月刊二卷十一，十二合期

寓言論　德雷興著　楊丙辰譯　北平華北日報副刊（十八年八月三至十二日）

主觀與客觀　日本荻原朔太郎作　孫俍工譯　現代文學一卷四期

（一篇關於藝術者的態度的話）

情感與權力的情緒　孫俍工　前鋒月刊第七期

感情底意義與智性底意義　孫俍工　搖籃一卷一期　當代文藝一卷三期

想像在文學上的地位　楊旭初　河南十一中學三十週年紀念號

理想　菊農　北平華北日報新綠副刊（十八年三月二十一日）

按：理想與經驗係對立的，而在文學因素上都是必備的。

到科學的美學之路 川口浩著 鳴心譯 微音月刊二卷五期

政治之路與文藝之路（不宜以政治干涉文藝）李燄生 新壘月刊創刊號

談「文藝罪過」之非 王淑貞 女師學院季刊一卷一，二期合刊

我們的文藝路線 予希 中國雜誌一卷一期

推翻舊文學與建造新文學 林語堂 中學生八號

一、文學的起源和意義

文學的起源 楊彭 時代文化第三，四合期

文學的起源 趙景深 讀書雜誌第六期

文藝之起源及其本質 王德儉 北平晨報時代批評一，二期（二十一年二月二十四日。三月二日）

文學起源與宗教的關係 沈心蕪 文學年報一期

文學的定義 趙景深 現代學生一卷四期

文學定義的綜合研究 汪靜之 東方文藝一卷二期

文學及藝術底意義　蒲列汗諾夫著　雪峯譯　小說月報二十一卷二號
——車勒芮綏夫司基底文學觀——
文學的意義之新解釋　竹友藻風著　張貪平譯　當代文藝一卷五期
文學的史的意義　王瓊　新時代月刊三卷五，六期

二、文學的內容和形式

文學的實質與形式　吳汝濱　文藝雜誌第一期
文學作品上意識形態之分析　波蓮斯基著　徐翔穆　胡雪譯　文化季刊二册
文藝作品上的形式與內容　雅各武萊夫作　馮憲章譯　萌芽月刊第四期
文學的特質　趙景深　彗星月刊一卷一期
文學之本質及其使命的作家　蔚竹本　大戈壁一卷二期
文學中的遠近法　豐子愷　中學生第八號
文學中之倫理的價值　任竟為　濁流季刊第四期
文學上的個人性與集團性　毛一波　橄欖月刊十五期
（參攷日本工藤信原著作成）

文學的美章伯彝　橄欖月刊二十六期
文學的權能吳貫因　新月月刊一卷一期
文學所反映的國民性趙景深　東方文藝一卷二期
文學的嚴重性梁實秋　新月月刊三卷四號
文學的眞實性周起應　現代三卷一期
文藝中的反抗精神大心　平明雜誌二卷六期
論文學的形式舍予　齊大月刊一卷四期
按：著者以爲文學既然是個性的表現，那麼描寫事物，是應當把事物在心靈中洗鍊過，成爲自已的產物。而形式也就是所謂風格，是隨著你的思想，在一種美的方式中表現出來。
風格論傅東華　小說月報二十二卷一號
風格論陳介白譯　醒鐘一卷二，三期合刊
噪聲論叔本華　北平華北日報徒然副刊（十八年一月十五日）
按：所謂噪聲，係一種奔放不羈的文章的風格，叔本華對此種體裁深致不滿。

無限的啓示　西蕙　北平華北日報新綠副刊（十八年三月十四日）
按：係言一切藝術表現，都有相當的暗示，偉大的理想。

四、文藝思潮

1. 通論

文藝思潮　張資平　文藝創作講座第一，二卷
文藝思潮研究底切要　謝六逸　新學生創刊號
文藝思潮轉變的程序　陳適　橄欖月刊二十九期
文藝與黨派　持大　新壘月刊五號
文學派別之產生及其對壘　桀楨　新壘月刊創刊號
文學上的諸主義　菊池寬著　朱雲影譯　讀書雜誌一卷一號
以文藝思潮爲主底文學概論　趙景深　新學生創刊號
所謂文藝政策者　梁實秋　新月月刊三卷三期
色與文學　金素兮　橄欖月刊二十五期
（論各派文學主義以色爲代表者）

研究文藝思潮之切要　湯增敭　橄欖月刊二十八期

關於文藝上底各派別之探討　翟新亞　自新月刊三十七，三十八期合刊

中國現代思潮之源流及其性質　魯夫　時代文化第二期

近代歐洲文學思潮變遷的概況　李夢琴　中庸半月刊一卷二期

現代文學思潮與藝術　陳抱一　前鋒月刊第六期

歐洲文藝復興與中國新文化運動　林我鈴　協大季刊第一期

叔本華的悲觀論與近代文藝思潮　穆啓槃　國立中央大學半月刊二卷四期

馬克思恩格斯和文學現實主義　靜華　現代二卷六期

2. 古典主義和浪漫主義

「古典的」與「浪漫的」　費鑑照　武大文哲季刊一卷三期

內容：（一）古典的與浪漫的意義，（二）新古典主義的性質與浪漫運動的背景，（三）英法德浪漫運動的不同（四）浪漫運動的途徑，（五）浪漫文藝的公同性質，（六）古典與浪漫的關係。

古典主義文藝的種種相　沈起予　國際文化雜誌創刊號

Classical Studies　費鑑照　武大文哲學季一卷二期（多論古典文學）

浪漫主義文學的面面　曾覺之　南華文藝第一卷三期

浪漫主義試論　曾覺之　中法大學月刊二卷三，四期合刊

浪漫的傳統之衰頹　張志澄譯　南華文藝一卷十六期

白壁德論浪漫主義與東方　Iving Babbitt 著　張徵露譯　清華週刊三十七卷二期

維多利亞時代的浪漫主義者　費鑑照　武大文哲季刊一卷三期（"Victorian Romontics" By T.E Welby）

「噶瑟」復興與英國浪漫運動　費鑑照　文藝月刊二卷二號（"Gothic Revival and Romanticism in England"）

法國浪漫派的評論　張資平譯　平林初之輔著　學藝十卷七號

3.自然主義和寫實主義

自然主義文學底理論的體系　日本平林初之輔作　陳望道譯　文藝研究一卷一本（譯自新潮社出版之「文學思想研究」第五，六卷及第八卷中）

自然主義作品的特色　張鳴琦　天津益世報副刊（十九年五月十七，二十四）

穆爾論自然主義與人文主義之文學 吳宓譯 學衡七十二期

法國自然派的文學評論 平林初之輔著 張我軍譯 讀書雜誌二卷九期

寫實主義的確立時代 張資平 橄欖月刊三十一期

寫實主義與理想主義 小泉八雲作 侍桁譯 北平華北日報副刊（十九年一月二十九日）

4. 新浪漫主義

新的浪漫主義 英赫克思萊 施蟄存譯 現代一卷五期

文學的表象主義（Symbolism）是什麽 謝六逸輯 小說月報十一卷五，六號 繼「寫實主義」之後的新浪漫主義的象徵派

神祕主義與科學 法郎士著 垚試譯 北平華北日報徒然副刊（十八年三月二十六日）

5. 新理想主義和其他 民族主義附

理想主義的將來 小泉八雲作 侍桁譯 北平華北日報副刊（十九年二月九日）

理想主義與藝術 金子馬路著 胡雪譯 新壘月刊一卷二，三期 —以藝術爲獨立特殊的價值的理想主義—

風靡世界之未來主義　章錫琛　東方雜誌十一卷二號　（譯自日文新日本雜誌）

未來派與中國　李寶泉　南華文藝一卷二期

表現主義文學的攝影　須予　新壘月刊四期
是自然主義的反動；這種主義運動，開始出現於大戰前，發榮於戰後。

大戰後表現主義的評述　祝秀夫　微音月刊三卷一期
在新浪漫主義抬頭的時候，同時發孕出來。

論新感覺派　天狠　新壘月刊五號
因爲寫實主義有了缺陷新感覺派的理論產生出來，與之分衡對抗；就是裝置感覺而表現情態。

新感覺派　謝六逸　現代文學評論創刊號

所謂「新感覺派」者　沈綺雨　北斗月刊四期
作者對於此派深致不滿

超寫實派的現勢　趙景深　彗星半月刊一卷三，四期

現代文上的流派　沈起予　微音月刊二卷七，八期合刊
內容：（一）打打（dada）運動的歷史簡述（此種運動於一九一六年誕生於瑞士）（二）打打究竟是什麼東西，（三）打打運動的落後。

從打打派到超現實派(Surrealisme) 沈起予 微音月刊二卷九期

羅曼羅蘭的「眞勇主義」 日本中澤臨川 生田長江合撰 魯迅譯 莽原一卷七期

最近的捷克文學 趙景深 搖籃一卷一期

個人主義文學之輪廓 片崗艮一著 張資平 橄欖月刊二十八期
所論多關於日本個人主義之演進

民族主義文藝運動的檢討 虛白 眞美善七卷一期

再論民族文學 虛白 眞美善七卷二期

民族文學的研究 棄儂 文藝戰線二十一期

民族主義文學運動批判 多島 新地月刊一卷一期

曾仲鳴的民主文藝 李四榮 橄欖月刊二十期

革命文藝—民主文藝—文藝政策 梅子 南華文藝一卷十四期

明日的文學 何迺黃 橄欖月刊十六期
作者希望將來產生一種有民族精，神以建設以入爲本的文學。

明日底文學 裘柱常 矛盾月刊發動號
內容；(一)文學的本質，(二)文學與時間，(三)文學與級階，（四）民族主義文學。

6. 新寫實主義—普羅文學

A. 通論

「人類的」與「階級的」 乃超 萌芽月刊第二期

內容：（一）前言，（二）怎樣提起藝術的問題，（三）人類的與階級的，（四）馬克斯主義藝術觀，（五）我們要克服藝術至上主義的觀念，（六）結語。

文學的大衆化與大衆文學 何大白 北斗二卷三，四期

內容：（一）問題的混淆，（二）普洛文學大衆化的意義，（三）大衆化的方法，（四）新大衆文學的意義；（五）結論。

文學大衆化問題徵文 陳望道等 北斗二卷三，四期

文學的黨派性 川口浩作 張英白譯 文藝月報創刊號

內容：（一）伊里基關於文學黨派性的原理，（二）黨派性和藝術性。

文藝大衆化與大衆文藝 寒生 北斗二卷三，四期

文藝評論（關於大衆文藝）侍桁 大陸雜誌一卷七期

文藝通信（普羅文學題材問題）漢年 現代小說三卷一期

左翼文學的社會基礎 黎林 電影與文藝五期

農民文學論 毛一波 橄欖月刊十七期

農民文學的商榷 施孝銘 中央大學半月刊一卷十五號

都會文藝的末路——新農民文學的提倡 毛一波 新時代月刊三卷一期

無產階級的文化與無產階級的藝術 蘇聯特洛茨基著 韋漱園李霽野譯 莽原二卷六，七期

內容：什麼是無產階級的文化，並是否可能？資產階級與無產階級底文化方法。——無產階級專政與文化的關係。——什麼是無產階級的科學？——勞動詩人與勞動階級。——庫司尼查宣言。——宇宙進化論。——季米嚴別德芮。

新寫實主義的根本態度 日本小林多喜二著 式鈞譯 開拓第一卷六期

新寫實主義與形式 小林多喜二著 式鈞譯 開拓第一卷三，四期

論革命文學 禹亭 明天二卷四號

論新興文學 V. Illich 原著 成文英譯 拓荒者一卷二期

普羅文藝的大衆化　麥克昂　藝術月刊創刊號

普羅文學一班　梁實秋　新月月刊二卷十一號

普羅文學底國際組織　尹澄之　文藝月報創刊號

國際左翼文藝文學運動的展望　非白　冰流一號

國際普羅文學當前要題　凡武　電影與文藝五期

世界普羅文學的介紹　賀凱　中國文學史綱要第三編三章

新興文學歷史的地位　森堡　微音月刊三卷二期

B. 各國普羅文學

(1)中國

中國文學的趨勢與新寫實主義　張耿西　中央大學牛月刊一卷十二號

中國今日之新興文學　陳穆如　當代文藝一卷一期

作者之意，以普羅文學於中國無需要，而且於現代普羅作家表示不滿。

中國普羅文學創作 賀凱 中國文學史綱要第三編三章、

中國普羅文學的總結 張季平 現代文學評論創刊號

中國新文藝的將來與其自已的認識 甘人 中國文藝論戰

中國新文藝的缺陷及今後的展望 周子亞 南風月刊一卷一期

新文藝底危險性及其補救方法 陳友琴 北平華北月報（十九年一月十六日）按：作者主張提倡三民主義的文藝、

中國左翼作家聯盟的成立 賀凱 中國文學史綱要第三編三章

對於左翼作家聯盟的意見 魯迅講 王黎民記 萌芽月刊第四期 —在左翼作家聯盟成立大會上的演說—

今後文學之方向轉換 鄭伯奇 創造月刊一卷九期

中國普羅文藝的論戰

大衆文藝問題 梁容若 民衆教育月刊三卷十一期

大衆文藝的問題 宋陽 文藝自由論辯集附輯二 文學月報創刊號

關於文學大衆化 周起應 文藝自由論辯集附輯二 文學北斗二卷三，四期合刊

革命論學與非革命文學　饒餘威　清華週刊三十二卷十一，十二期合刊

革命文學評價　莫孟明　中國文藝論戰

革命文學問題　冰禪　中國文藝論戰

革命文學論批判　謙弟　中國文藝論戰

革命文學的內包　祭心　中國文藝論戰

革命廣告　郁達夫　中國文藝論戰

無產階級藝術論　忻啓介　中國文藝論戰

無產階級文藝理論的謬誤　尹若　中國文藝論戰

無產階級專政和無產階級之文學　郁達夫　中國文藝論戰

從時代說到無產文學　高明　中國文藝論戰

從文學革命到革命文學　成仿吾　創造月刊一卷九期　中國文藝論戰
內容：（一）文學革命的社會的根據，（二）文學革命的歷史的意義，（三）文學革命的經過，（四）文學革命的現階段，（五）文學革命今後的進展，（六）革命的「印貼利更追亞」團結起來。

從「革命文學」與「非革命文學」談到中國文學的將來 高璨 河南一師期刊第一期

一個讀者對於無產文學家的要求 少仙 中國文藝論戰

文學與革命 梁實秋 中國文藝論戰

評駁梁實秋的文學與革命 馮乃超 中國文藝論戰

文藝與革命 冬芬 魯迅 中國文藝論戰

關於革命文學 冬芬 中國文藝論戰

關於革命文學 青見 中國文藝論戰

檢討馬克斯主義的階級藝術論 柳絮 中國文藝論戰

檢討檢討馬克斯主義階級藝術論 谷蔭 中國文藝論戰

個人主義的文學及其他 侍桁 中國文藝論戰

非個人主義的文學 黃藥眠 中國文藝論戰

新月的態度 新月社 中國文藝論戰

文學論文索引 文學總論 文藝思潮

二一

「新月的態度」的批評　彭康　中國文藝論戰

讀「倪煥之」　茅盾　中國文藝論戰

從牯嶺到東京(三部曲自述)　茅盾　中國文藝論戰

評茅盾的「從牯嶺到東京」　克興　中國文藝論戰

「醉眼」中的朦朧　魯迅　中國文藝論戰

答魯迅「醉眼的朦朧」　李初梨　中國文藝論戰

畢竟是「醉眼陶然」了　成仿吾　中國文藝論戰

我的態度氣量和年紀　魯迅　中國文藝論戰

評魯迅的「我的態度氣量和年紀」　杜荃　中國文藝論戰

拉雜一篇答李初梨君　甘人　中國文藝論戰

評駁甘人的「拉雜一篇」　克興　中國文藝論戰

反普羅文學　張友松　文藝戰線二十二期

我也參加反普羅文藝的戰線　袁芝翼　文藝戰線一卷二十四期

純文學的生命　華西里　文藝戰線四十九號

大衆文藝的問題的商榷　秀夫　文藝之友四期

問題中的大衆文藝　止敬　文藝自由論辯集附輯二　文學月報一卷二期
內容（三）舊文言與新文言；（二）技術是主，文字本身是末；（三）現代中國普通話應該怎樣估價；（四）到底用什麼？

再論大衆文藝答止敬　宋陽　文藝自由論辯集附輯二　文學月報一卷三期

代庖的普羅文學　蓮子　天津益世報文學週刊十三期（二十二年二月四日）

純文學無階級性　華西里　文藝戰線四十八號

武器臘槍頭革命文學　柯南　文藝生活第二號

沒落的並非新文藝　溶爐　巴爾底山上一卷一期

吶喊詩與敘述小說　絜茜　月刊一卷二期

藝術的理論鬥爭　柳絮　中國文藝論戰

藝術創作的矛盾與文藝青年應該要求的大革命　彭榮楨　南華文藝一卷七，八合刊

(2)外國

日本

新興文學的發生過程　小宮山明敏著　海若譯　現代文化一卷一期　內容多關於日本：(一)資產階怎樣崩壞，(二)從自然主義發生的「普羅洛勒特利亞」文學到「目的意識論」的提倡，(三)社會民主主義文學和共產主義文學之鬥爭。

日本農民文學的躍進　文藝新聞八號

一九三三年日本普羅文學運動的展望　喆之　文學雜誌一號

日本左翼文壇之進展　井上哲　大公文副一百六十一期一百八十一期(二十年二月十日。六月三十日)

日本普羅短歌運動的陣容　渡邊順三作　錫遐譯　南開九九期

歐美

現代歐洲無產階級文學底路　匈牙利「瑪察」著　雪峯譯　文藝研究一卷一本　(由「現代歐洲的藝術」日譯本底附錄中譯出，原是著者底「西歐文學與無產階級」一書底結論部分，經日譯者藏原惟人所節譯。)

英美的新文學理論 宮島新三郎著 白河譯 微音月刊二卷二，三期

蘇俄之新藝術運動—「拉普」（蘇俄普羅作家聯盟）和「喔呵普」（全蘇俄普羅作家總聯盟）的運動— 厚生 北平晨報學園二八六號（二十一年四月二十二日）

蘇俄武器文學之沒落 力昂 橄欖月刊二十六期

「通信員」運動與「報告文學」 山田清三郎作 里正譯 文藝月報創刊號

7. 新興藝術派——自由人的文藝

A. 通論

「自由人」的討論 王平陵 文藝月刊三卷七期

「第三種人」的出路在那裏 丁金 文藝月報創刊號

「第三種人」與武器文學 劉微塵 文藝自由論辯集組三

論「第三種人」 梁實秋 文藝月刊三卷七期

論「第種三人」 魯迅 文藝自由論辯集 組五現代二卷一期

新的壁壘　談生　新壘月刊創刊號

關於新興藝術派　加藤武雄作　李自珍譯　北平晨報學園(二十年二月二十五日)

關於「第三種文學」的傾向與理論　丹仁　文藝自由論辯集組五　現代二卷二期

關於理論家的任務速寫　陳雪帆　文藝自由論辯集組五　現代二卷一期

B. 關於中國文藝自由的討論和爭辯

關於胡秋原蘇汶與左聯的文藝論戰　首甲　現代文化一卷一期

文藝的自由和文學家的不自由　易嘉　文藝自由論辯集組三　現代一卷六號

第三種人的出路　蘇汶　文藝自由論辯集組三　現代一卷六號
—論作家不自由並答覆易嘉先生—

勿侵略文藝　胡秋原　文藝自由論辯集組一　文化評論第四期

左聯運命的估算　談生　新壘二月號

自由智識階級與「文化」理論　譚四海　文藝自由論辯集組一　中國與世界七期

自由人的文化運動　文藝新聞社　文藝自由論辯集附輯一　文藝新聞五十六號
—答覆胡秋原的文化評論—

文化運動問題 胡秋原 文藝自由論辯集附輯一 文化評論四期

致文藝新聞一封信 ——關於五四答文藝新聞記者—— 洛揚 文藝自由論辯集 文藝新聞五十八號

是誰爲虎作倀 胡秋原 文藝自由論辯集組一 文化評論四期

粉飾歪曲鐵一般事實（關於第三種人的論戰） 谷非 文學月報五，六號合刊

浪費的論爭——對於批判者的若干答辯 胡秋原 文藝自由論辯集 現代二卷二期

並非浪費的論爭 洛揚 文藝自由論辯集 現代二卷三期

揭起小資產階級革命文學之旗 楊邨人 現代二卷四期

揭破楊邨人的「革命文學之旗」 老馬 文學雜誌一號

眞理之檄 文化評論社 文藝自由論辯集附輯二 文藝新聞四十五號

從「第三種人」說到左聯 舒月 文藝自由論辯集 現代一卷六期

答舒月先 蘇汶 文藝自由論辯集組三

論文學上手的干涉主義 蘇汶 文藝自由論辯集 現代二卷一期

論文學上底腐敗的自由主義——反蘇汶主義底論文學上的干涉主義——　谷萬　文學雜誌一號

錢杏邨理論之清算與民族文學理論之批評　胡秋原　文藝自由論辯集　讀書雜誌卷一期

藝術非至下　胡秋原　文藝自由論辯集組一　文化評論創刊號

一九三二年的文藝論辯之清算　蘇汶　文藝自由論辯集　現代二卷三期

一九三二年文藝論戰之總評　余慕陶　讀書雜誌三卷二期

一年來文藝論爭書後　胡秋原　讀書雜誌三卷二期

「自由人」論戰的總結　天狼　新壘月刊一卷二期

五、文學創作和翻譯

1. 創作

文學中的寫生　豐子愷　中學生月刊十一，十二號

文學創作的修養　白杰　文藝戰線三十期

文學創作的新動向　萬曼　南開週刊一二九，一三〇期（文藝專號）

文藝創作論 陳彝孫 讀書月刊二卷二，三期
內容：（一）前言，（二）文藝創作的意義，（三）文藝創作的機構，（四）結論——文藝創作之研究。

文藝創作及主義 柯桑 南開一一一期

談創作 汪倜然 世界雜誌二卷二期

關於創作 朱璟 北斗創刊號

創作方法論 法捷耶夫的演說 何丹仁譯 北斗月刊第三期

創作修業論 高明譯 文藝創作講座第二卷

創作不振之原因及其出路 郁達夫魯迅等 北斗月刊二卷一期

創作與題材 萬頁湛茅盾 中學生三十二號

論創作 熊佛西 天津益世報 戲劇與文藝一卷八，九期（十八年十二月三日）

論創作與技術底修鍊 汪倜然 世界雜誌二卷四期

論作文 小泉八雲作 S. C. 譯 北平華北日報副刊（十八年四月三，五，八，十，十二，十五，十七日）

（本文係譯自小泉氏之「文學講義」，現該書市上已有人集成翻印販賣。）

論描寫　佐藤春夫著　謝六逸譯　中學生第九號

白描和暗示　許欽文　橄欖月刊十九期

描寫類例　謝六逸　文藝創作講座第一卷

描寫與情象　荻原朔太郎著　程鼎鑫譯　青年界一卷五期

聽覺文藝描寫方法之研究　訪秋　新晨報副刊（十九年六月二十六日）

評中國著譯界　若虛　中國新書月報一卷二號

過去對於創作的一般謬見　魏金枝　北斗月刊二卷一期

現代的創造　E. Faure著　蘇民生譯　北平華北日報副刊，十九年十二月十二，十三，十四日）

我們所必須創造的文藝作品　茅盾　北斗月刊二卷二期

讀者創作　傅東華　文藝創作講座第一卷

2. 翻譯

論翻譯 曾覺之 中法大學月刊一卷二期

論翻譯 寶鏢 文藝戰線四十七號

論翻譯 國熙 北平晨報學園一二四號（二十年七月一日）

論翻譯 張伯燕 北平晨報學園一五〇號（二十年八月十七日）

論翻譯 魯迅 文學月報第一號

再論翻譯答魯迅 J. K. 文學月報一卷二期

論意譯與直譯 朱復鈞 新時代月刊一卷六期。二卷二，三合期

意譯與直譯 君亮 北平晨報學園一五八號（二十年八月三十一日）

論翻譯的一封信 梁實秋 新月四卷五期

論「論翻譯」 摩頓 文藝新聞十五號

與摩頓談翻譯 趙景深 文藝新聞十七號 —兼答書報評論第五號—

翻譯談 長之 北平晨報學園一三三號（二十年七月十六日）

翻譯家的十誡　朱曼華　世界雜誌一卷四期

介紹翻譯實習指導書　章蔭丹　中國新書月報二卷二，三號

文學者譯名　馬仲硃　讀書月刊二卷四，五合期

六、文學批評

1，通論

文學批評之中外學者觀　任訪秋　晨星第一期

文學批評的認識及其價值　廖翰庠　天津益世報副刊（十九年二月二十日）

文學批評的一個新基礎　三瑩　武大文哲季刊一卷一期（"Principles of Literatury Cristicism" By I. A. Richards）

文學批評底觀點　波里耶思基著　朱鏡我譯　現代小說三卷一期　按：本篇計分九節，闡明文學與社會之關係，及文學批評應取的立場。通篇叙述詳明，頗有一讀之必要。

文學批評辯論　王集叢　時代文化第三，四合期　按：本篇係站在新興文藝的立場，來判批梁實秋的文藝論斷的不當。

文藝批評　傅東華　文藝創作講座第一，二卷

文藝批評概說　思明　天津益世報副刊（十九年二月二十一日）

文藝批評的起源　思明　天津益世報副刊（十九年二月二十四日）

文藝批評的發展趨向　思明　天津益世報副刊（十九年三月二十八日）

文藝批評的新基準　V.F. Calverton著　天白譯　讀書雜誌二卷十期

文藝批評與創作的關係　思明　天津益世報副刊（十九年三月十二日）

文藝評論　成文英　侍桁等　萌芽月刊第五期

文藝鑒賞論　芥川龍之介　文藝創作講座第一卷

文藝賞鑑論　孫俍工譯　亞波羅七，八期

關於文藝鑑賞　培良　南開一〇一期

關於批評與翻譯　徐祖正　大公報文學副刊二百零三，二百零四，二百零五期（二十年十二月一，七，十四日）

關於理論家任務速寫　陳雪帆　現代二卷一期

怎樣批評文藝　思明　天津益世報副刊（十九年四月四，五日）

談文學批評　有熊　天津華北日報副刊（十八年六月二十三，二十四日）

居友論文藝批評　鄒文熙　北平華北日報副刊（十八年二月十七，十八，二十，二十二，二十四日）

（本篇係居友的「社會學上的藝術觀」的第三章。）

鑑賞批評論　洪秋雨　文藝創作講座第二卷

批評斷片　美約翰勃洛斯(John Bunoughs)著　汪倜然　世界雜誌一卷四期

批評與批評者　Elizabeth Nitchie 著　舍予譯　齊大月刊二卷七期

批評與夢　郭沫若　文藝論集下卷

批評與漫罵　何德明　學生文藝叢刊七卷二期

評批中的共感與社會性　Guyan 著　民生譯　鞭策週刊一卷十一，十二期

批評之理論與實踐　蘇汶　現代二卷五期

介紹與批評　李白英等　讀書月刊二卷二，三期

印象與感想的批評　乃超　文藝生活第二號

近代文學批評汎論　趙景深　彗星半月刊一卷二期

現階段上文藝批評的幾個重要問是　谷非　現代文化一卷一期

社會的文學批評論　Gertrude Buch作　張夢麟譯　學藝十卷一，三號

內容：(一)文藝批評的混亂，(二)較為闊大的文藝批評，(三)文藝批評的基準，(四)文藝批評家的職務。

書評的研究　式純　文華圖書科季刊　三卷四期

2.分論

A.中國歷代的批評界

文學批評在中國　浩文　新時代月刊一卷二期

中國文藝批評底發端　鄭振鐸　新學生創刊號

中國書藝批評學序言　素癡　大公報文學副刊一百七十一至一百七十四期(二十年四月二十，二十七日。五月四，七日)

中國文學批評史上「文」與「道」的問題　郭紹虞　武大文哲季刊一卷一期

解決中國文學批評的中國文學評價　沈達材　中國新書月報一卷八號

韓柳的文學批評　李辰冬　晨星月刊第二期　天津益世報副刊（十九年五月二十二日）

何景明批評論述評　朱東潤　武大文哲季刊一卷三期

金聖嘆及其文學評論　隋樹森　國聞週報九卷二十四，二十五，二十六期

內容：（一）引言，（二）小傳，（三）聖漢之文學批評，（四）聖嘆評釋，（五）餘話，（六）結論。

袁枚的文學批評　李辰冬　天津益世報副刊（十九年四月九，十日）

述錢牧齋之文學批評　朱東潤　文哲季刊二卷二號

論國內評壇及我對於創作上的態度　郭沫若　文藝論集下卷

B.外國的批評界

日本新興藝術界批判　朱雲影　讀書雜誌第六期

現代西洋文藝批評的趨勢　傅東華　暨大文學院集刊第一集

俄國批評文學之研究　我軍譯　文藝戰線一至十五期

最近蘇聯文學理論與批評 徐翔穆 文化季刊二册

最近法國文壇對美國的批判——近來批評美國的文學作家—— 謝康 小說月報二十二卷一號

泰納的文藝批評之批詳 佛郎 微音月刊一卷一期

瓦特裴德的批評論 郭沫若 文藝論集下卷

瓦特裴德(Walter Pater)英人生于一八三九至一八九四

C. 各種主義的批評

人生主義的文藝批評 毛秋白 當代文藝一卷四期

自然主義的文藝批評 毛秋白 當代文藝一卷六期

法國自然派的文學評論 平林初之輔著 張我軍譯 讀書雜誌二卷九期

藝術至上主義的文藝批評 毛文齡 當代文藝一卷三期

七、文學研究法

1. 通論

文學研究法 本間久雄著 朱雲影 讀書雜誌一卷九期

內容：（一）文學之目的觀及其研究法，（二）發生學底研究法，（三）科學底研究法，（四）言語學底研究法，（五）比較文學底研究法，（六）鑑賞批評底研究法。

文學研究法　馬古烈博士　海濱文藝創刊號

文學究研的新方法　吳定　天津益世報文學週刊十九期（二十二年二月十八日）內容：（一）李克特的理論，（二）幾個具體的例（三）我對于這新方法的感想，

文學作品的研讀法　史晚青　讀書月刊二卷一期

我們怎樣讀新文藝書籍　治心　協大季刊第一期

致文學青年　止敬　中學生月刊十五號

致文學青年　丏尊　中學生月刊十五號

致文學青年　謝六逸　中學生月刊十五號

致文學青年　鄭振鐸　中學生月刊十五號

致文學青年　薫宇　中學生月刊十五號

給志在文學者　島崎藤村著　孺朋譯　北平晨報學園九三號（二十年五月九日）

給文學青年　汪倜然　世界雜誌二卷一至四期

論文學的研究與介紹　郭沫若　文藝論集下卷

讀書與著書　蔚　中國新書月報一卷九號

2. 西洋文學研究法

中國學生對於研究西洋文學應有的認識　余楠秋　搖籃一卷一期　暨大文學院集刊第一集

談談我國大學的外國文學課程　范存忠　國風半月刊創刊號

3. 讀書經驗談

我的讀書趣味　賀揚靈　讀書月刊二卷一期

我的讀書經驗　謝冰瑩　讀書月刊二卷一期

我的讀書經驗　章衣萍　讀書月刊二卷一期

我的讀書經驗　余楠秋　讀書月刊二卷一期

我們應該讀什麽書　彥祥　微音月刊一卷二期

自修的經驗　陳企霞　微音月刊二卷十期
求學與讀書　陳鐘凡　讀書月刊二卷一期
作文與讀書　章衣萍　現代學生一卷三期
兩個不同的時期　賀玉波　讀書月刊二卷一期
暗中摸索　趙景深　讀書月刊二卷一期
從空虛到實際　匡亞明　讀書月刊二卷一期
造成折節讀書的風氣　王平陵　讀書月刊二卷一期
寒窗的回憶　黃天鵬　讀書月刊二卷一期
爲什麼讀書　胡適　現代學生一卷三期
按：本篇原爲講稿，後又在第五期中，又將胡親自改正稿發表。
略論讀書　鐵郎　文藝新聞十四號
并介紹書報評論
怎樣讀書　Brothertezaias 著劉俊卿譯　泊犀創刊號
怎樣讀書　何炳松　讀書月刊二卷二期

怎樣讀書　童潤之　讀書月刊二卷三期
怎樣讀劇　殷作楨　讀書月刊二卷四，五合期
怎樣讀小說　殷作楨　讀書月刊二卷四，五合期
怎樣讀詩　殷作楨　讀書月刊二卷四，五合期
關於讀詩的一點意見　穆木天　讀書月刊二卷四，五合期
劇本的讀法　毛秋白　現代學生一卷六，七期
讀書法　玄　清華週刊三十四卷六，八期
讀書的方法　毛乘雲譯　北平圖讀月刊一卷五號
讀書的藝術　張仕章　微音月刊一卷五期
讀書的藝術　林語堂　中學生月刊十二期
讀書的經驗　謝六逸　讀書月刊二卷一期
讀書懺悔錄　王禮錫　讀書月刊二卷一期

讀書與做人　五溪生　國立北平圖讀書月刊第一卷二，三號

做人和讀書　盧白　眞美善月刊七卷三期

讀書與書籍　叔本華作　錢歌川譯　現代學生一卷九期

四角號碼檢字法與中國讀書界　林草坪　讀書月刊二卷二期

朱熹的讀書法　邱椿　師大月刊四期

西人研習漢文的歷程　徐定邦　讀書月刊二卷二期

八、文學家

1. 通論

文學者的新使命　沈雁冰　文學週報一九〇期

文學者的一生　武者小路實篤著　魯迅譯　莽原二卷三期

文藝家的流產　鏡湖　藝林十九期

文藝生力軍的培植　顧仲華　新時代月刊二卷一期

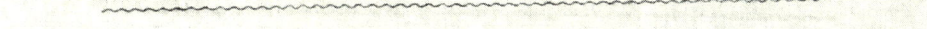

文丐階級論 春英紅雨 萬人雜誌一卷一期

內容：（一）什麽是文丐階級，（二）文丐階級的長成史，（三）文丐階級的之主要的特質，（四）文丐階級的生活，（五）文丐階級的思想與信仰，（六）文丐階級的分化及其分野，（七）文丐階級之銀灰色的沒落，（八）一個文丐的階級觀，（九）一個非文丐的文丐階級論，（十）結論。

文丐階級之分化與其分野 春英紅雨 萬人雜誌一卷二期

今日文學家之責任觀 葉明堂 中央大學半月刊二卷五期

作文章人底態度 木化 天津益世報文藝週刊（十八年十月二十五日）

作家們的慾望 張若谷 新時代月刊二卷一期

作家本身之社會存在的價值 袁殊 新時代月刊二卷一期

創作家的資格 武者小路實篤著 張我軍譯 北平華北日報副刊（十八年七月二十七日）

著作家的組合 文藝新聞第五，六號

無聊文人與無恥文人 任西彥 橄欖三十一期

無名作家自已之路 盧劍波 新時代月刊二卷一期

對無名作家應該加意愛護　錢君匋　新時代月刊二卷一期

在革命過程中的作家及要寫文章的人　慕隱　楓葉一卷一期

給拿作文章來抵抗生活的人　病高　北平華北日報副刊(十九年十月十六日)

服爾德論「作家」　蓮子　天津益世報文學刊十一期(二十二年一月十四日)

居友論「文藝天才」　鄒文熙　北平華北日報副刊(十八年一月十九，二十，二十一，二十三，二十六，二十七，二十八，三十日)

(本文係節譯自法居友的(社會學上的藝術觀)書的第二章)

天才與教育　郭沫若　文藝論集上卷

向自己說的話　張源　晨星第六期

內容：多偏於文學本身上的問題，以及作家修養的討論。

浪漫主義作家研究　謝六逸　文藝創作講座第一卷

2. 詩人

詩人所表現的情思　于賡虞　天津益世報副刊(十九年一月七日)

詩人的淚　曼谷　朝華月刊二卷三期

詩人的教育理想 Chatterjee著 何方譯 北平晨報學園三二八，三二九期（二十一年七月七日）

詩人與音樂家 E. B. Perry原著 雲盛譯 南開週刊一一九期

詩人與藝術家 荻原朔太郎著 孫俍工譯 青年界一卷一期

名譽與詩人 華侃譯 世界雜誌一卷二期

現代詩人對於現代生活之態度 溫源寧講 大公報文學副刊一百二十二期（十九年五月十二日）

什麼是詩人的生活 梁實秋 新月月刊三卷十一期

唐代詩人苦吟的生活 陳子展 微音月刊九，十期合刊。

純粹都會詩人 王森然 北平晨報學園八，九，十號（十九年十二月二十七，二十九，三十日）

爲詩人的英雄 嘉萊爾著 眉君譯 北平華北日報副刊（十八年一月十二至十八日又二十至二十六日）

——但丁與莎士比亞——

對新詩人的忠告 客丁 醒鐘一卷一期

對於詩人之感想 沈從文 小說月刊一卷三期

3.文學家所產生之影響和貢獻

白樂天之影響於日本文學　李秉中譯　大公文副一百七十三，一百七十四期（廿年五月四，十一日）

王國維先生整理中國戲曲的成績　賀昌羣　文學週報五卷一，二合刊

靜安先生與古文字學　徐中舒　文學週報第五卷一，二號合刊

徐志摩與德國之表現派　大公報文學副刊第二百十一期（二十一年一月二十五日）

郁達夫張資平及其影響　甲辰　新月月刊三卷一號

蕭伯訥與近代劇　魯靜媛　北平華北日報副刊（十八年八月十一至十三日）

葛得(J.W.Goethe)和德國的文學　楊丙辰　清華週刊三十五卷四期

4.文學家與其他

作家與社會　陳彝蓀　讀書月刊二卷一期

作家與社會論　陳彝孫　讀書月刊第二卷四，五期　內容：（一）前言，（二）個人與社會，（三）頹廢期的藝術與作家地位的變化，（四）創作中的變化，（五）天才與環境，（六）我們的實際——作家與社會之相互的關係，（七）結論。

作家與時代　林子叢　二十世紀一卷三期

作家與作品　丁丁　新時代月刊二卷一號

今代作家筆名及其代表作　夏春柔　文藝戰線第三，四期

出版界與著作家　讀書月刊二卷一期

雷馬克與戰爭文學　楊昌溪　現代文學評論創刊號

九、文學與其他之關係

1. 文學與自然

雪與文學　訪秋　北平益世報草蟲旬刊二十六期

文人與花卉　訪秋　北平益世報草蟲週刊十八期

2. 文學與人生

文藝與人生　高明譯　文藝創作講座第二卷

文藝與生活　葛埃明　文藝生活第一號

風格與人生　傅東華　微音月刊一卷一期

3. 文學與時代

文學與時代　沈秀夕　醒鐘月刊一卷一期

文學和時代　蔣善國　朝華三卷一期

文藝與時代　曾仲鳴　南華文藝一卷一號

五一與文藝　陳正道　巴爾底山一卷二，三期

五四與文學　孫恕潮　前途一卷五期

五四和新的文化革命　易嘉　北斗月刊二卷二期

復興時代的文學　劉麟生　復興月刊一卷一期

4. 文學與社會

文學之社會的意義　史晚青　讀書月刊二卷四，五合期

文學與禮教　李明英　勵學第二期

文學與社會科學 吳定譯述 天津益世報文學週刊二十六，二十七期（二十二年五月二十，二十七日）

文藝和社會生活 馮乃超 文化批判月刊一卷一期

經濟與文藝 石濱知行作 高明譯 微音月刊二卷三，四期

民族生命與文學 餘生 大公報文學副刊（二十年九月二十九日。十月五，十九日）

唯物史觀與文藝 仲雲 小說月報二十一卷四號

民衆運動與民衆文學 錦鑾 民衆運動月刊一卷三期

5. 文學與革命

文學與革命 華西里 文藝戰線一卷二十六期

文學與革命青年 舜民 南華文藝一卷一號

文藝與革命 曾仲鳴 南華文藝一卷二期

6. 文學與戰爭

戰爭與文學 倫文 東方雜誌十二卷五號

戰爭與文學　英戈斯原著　董先修譯　北平華北日報副刊（十八年七月六，七，八，十一，十二，十三日）

戰爭文學小論　王予久　新中華一卷三期

戰爭的文學　曾仲鳴　南華文藝一卷五，六合刊

武人與文藝　李九思　鷙華一卷一期

論戰爭能振起民族精神與產生充實光輝之文學　餘生　大公報文學副刊（二十一年二月二十五日）

7. 文學與個性

文學與個性有關係嗎　洛如　突進雜誌第五期

文學與個性　趙景深　橄欖月刊二十七期

文學與個性　遠寄　微音月刊一卷四期

文藝美術的創作與個性　曼君　廣西青年十五期

文學與自我　周子亞　文藝週刊五十七期

文藝與情感　趙景深　文藝創作講座第一卷

8.文學與性慾

現代文學中的性的解放 V. F Calverton著 劉穆譯 小說月報二十一卷三號

文學中的性表現 劉穆 文學週報八卷二十號 V.F Cahutob "Sex Expression in Literature"

9.文學與作家

文學與文學家 纘武 辰星半月刊第三期

文學與作家 舍予 齊大季刊一期

女作家與文學 綠漪 南音月刊一卷一期

10文學與學識

文學與科學 程慎吾，天津益世報文學週刊十八期（二十二年三月十一日）

文學與法學之關係 李樹翹 東聲一卷一號

文藝與哲學 王德儉 北平晨報時代批評六，七期（二十一年三月三十日。四月六日）

教育與文藝 日本金子筑水作 李自珍譯 北平晨報學園五，六號（十九年十二月二十三，二十四日）

11 文學與藝術

文學與藝術　橄欖月刊二十九期

文藝與其他藝術　王德儉　北平晨報時代批評八，九期（二十一年四月十三，二十日）

音樂與文學　朱謙之　東方文藝一卷三期

12 文學與其他

文學與道德　趙景深　橄欖月刊三十期

文學與宗教　王德儉　北平晨報時代批評四期（二十一年三月十六日）

文學與語言　趙景深　新時代月刊三卷五，六號

文學與政見　小泉八雲著　煒謨譯　北平華北日報副刊（十八年一月一日）

中國文學與「政治失敗者」　檠銘　南開九九期　——中國文學問題中之一節——

文藝與讀者　石逸　南風月刊一卷一期

中學生與文藝　江文蔚　北平晨報時代批評十七，十八期（二十一年六月十七，二十四）

現代學生與文學思想 趙景深 現代學生二卷一號

國難與文學——道德救國論 餘生 大公報文學副刊二百一十四期（二十一年二月十五日）

上海事變與鴛鴦蝴蝶派文藝 阿英 北斗月刊二卷二期

上海事變與大衆歌曲 方瑛 徵音月刊二卷五期

十、各國文學

1. 通論

二十年來的世界文學之解剖 林歌 河南一師期刊第一期

大戰以來的世界文學 錢歗川 新中華創刊號

世界文藝的前途 傅東華 前途雜誌創刊號

世紀末英國文學與大陸文藝之關係 矢野峯人著 趙世銘譯 大陸雜誌一卷五期

現代文學的十大特色 微知 東方雜誌二十七卷七號

2. 中國文學

A.通論

中國文學演化概述　郭紹虞　文藝雜誌第二期
中國文學二源論　段凌辰　孤興第一期
中國文藝中的高蹈味　周天鵬　北平華北日報徒然副刊（十八年一月二十九日）
中國思想文藝的生路　劉大杰　現代學生一卷四期
中國文學生長之厄運　常工　晨星第一期
中學國文學程底清算　汪馥泉　新學生創刊號
中國文在世界上之地位其價值　戴季陶　新亞細亞四卷二期
中國文藝在國際上的榮譽　文藝新聞十四號
中國文藝思潮之沒落與復興　王平陵　矛盾月刊三，四合刊
中國文藝學的創建　傅潤華　眞美善六卷二號
中國社會與中國文學講話　余慕陶　讀書雜誌二卷九期

中國文學的路向　伍蠡甫　文化雜誌創刊號

中國文藝的前途　孫俍工　前途雜誌創刊號

中學國文前途的悲觀　尤墨君　中學生月刊二十號

文論　胡懷琛　國學叢選第五集
　內容（一）知用，（二）立品，（三）儲材，（四）养氣，（五）摹神，（六）取勢，（七）乘機，（八）循法。

文學的領土　汪靜之　大陸雜誌一卷二期

文章新論　須尊　鞭策週刊二十四，二十五期

文筆與詩筆　郭紹虞　睿湖第二期

文氣的辨析　西諦　小說月報二十卷一號

黃色文學本能論　俞長源　中庸半月刊一卷一二期
（概論中國歷來文學之特點）

過去中國文學的典型　戴行軺　當代文藝二卷五期

過去的中國文學和文人　西華　現代月刊二卷一，二期

雜論中國文學　侍桁　文藝月刊三卷一期

內容：關於舊文學作者曾提出兩種意見，(一)把中國文學從雜亂中作出新的解釋與批評，(二)把散在中國文學中那些未成熟的材料給給以藝術的製作。

論中國文學的新研究　汪倜然　讀書月刊二卷二期

劉師培的文學論　任維焜　新晨報副刊十九年一月十三，十四日

按：本文係依據劉師培的論文札記，鈎要闡明並以近世文學批評的新見地，加以評確的批判。

研究國文的目的和方法　李君俠　學生雜誌十六卷四號

研究古文之我見　劉恢　東北叢鐫十六期

我們研究中國文學應取的態度　張壽林　京報文學副刊第三十八期

劉知幾史通之文學概論　宮廷璋　師大月刊第二期

荀卿也和文學史有關係嗎　姚名達　中庸半月刊創刊號

歷代文學

漢唐學論　黃侃　中大季刊一卷四號

魏晉文學之時代背景　錢振東　師大國學叢刊一卷三期

建安文學　董克中　河南中山大學文科季刊第一期

建安文學底時代背景　關健南　南開週刊一二九，一三〇期（文藝專號）

太康文學　賀凱　中國文學史綱要二編三章

元嘉文學　賀凱　中國文學史綱要二編三章

六朝文學概論　施章　中央大半月刊二卷八期

內容：第一卷上；（一）導言，（二）六朝文學觀念之分析，（三）晉代白話文學之眞象，（四）六朝文學之成因。第一卷下；（一）小引，（二）古文學之趨勢，（三）詩歌化的賦文學，（四）白話新文學，（五）聲律說在中古文學上之重要。

問駢文盛於南北朝未曉南北朝文士亦有抉駢文之極敝者歟儻能備稽其說以揚榷得失歟　錢鍾夏　無錫國學專修校叢刊第二期

內容：（一）緒言，（二）駢文之源流，（三）南北朝駢文勃興原因，（四）南北朝駢之流弊，（五）南北朝駢文之反響，（六）反抗流論調之得失，（七）餘論。

北朝社會的形態與文學的演變　王禮錫　讀書雜誌一卷二號

——物觀文學史南北朝之部第三章——

物觀文學史叢稿——南北朝之部——　王禮錫　讀書雜誌一卷一號二號
唐宋元明文概說　樓巍　唯是第二冊
唐朝的古文與小說　賀凱　中國文學史綱要二編四章
五代君主文學　盧逮曾　中法大學月刊一卷五期，二卷一期
宋朝的話本與古文　賀凱　中國文學史綱要二編四章
明代之初期文學　羅寶冊　師大月刊第二期
晚明文與政治　須尊　鞭策週刊一卷二期
卮言　姚錫鈞　國學叢選第六輯
內容多涉及歷代文學。
俳句的變遷　羅曼思　天津益世報文藝週刊（十八年十月十八日）
鮑明遠的純文藝　甘蟄仙　戲劇與文藝一卷七期

現代文學

中國新文學演進之鳥瞰　周達摩　國聞週報八卷五期

中國新文學運動之厄運 毛感炯 南方雜誌一卷二號

中國文學的新史料 志華 巴爾底山一卷一期 指摘中國現代文壇的不景象

中國文藝的前途 李朴園 前途一卷二期

現代中國文學的小感想 沈從文 文藝月刊一卷五號

現代中國文壇展望 凌梅等 讀書月刊二卷四，五合期

現在中國需要的革命文學 秦錸 國風月刊一卷三期

現代國文講話 周倩絲 青年世界一卷六，七期

現代中國散文 曹聚仁 青年界二卷二號

五四運動以後中國之文學 葛益娟 金陵女子文理學院二十一年校刊

十年來的中國文學 華侃 世界雜誌增刊

十年來的中國文壇 克川 文藝月刊一卷三期

最近十年間中國文學 沉思 南開週刊九九期

創造社與中國文化過程　王獨清談　文藝新聞十一號
抗日聲中的文學　沈起予　北斗月刊第四期
民國十九年中國文壇之回顧　范爭波　現代文學評論創刊號
一年來的文壇概況我的感想　繆武　草蟲週年紀念號
一九三〇年開展中的文壇與劇壇　越聲　藝術月刊創刊號
一九三〇年中國文藝雜誌之回顧　狄克　當代文藝一卷一期
一九三一年中國文壇的回顧　錢杏邨　北斗月刊二卷一期
一九三一年來中國文壇開展的新形勢　吳沛蒼　南大週刊一二九，一三〇合刊，一三一期
一九三一年中國文壇之回顧與一九三二年的展望　辛明等　新地月刊第二，三期合刊
一九三二年中國文壇的鳥瞰　杜康　東方文藝創刊號
一九三二年的文學　楊瑞慶譯　北平晨報學園四四三，四四四，四四五號，（二十一年一月十六，十七，十九日）
一九三二年中國文壇之回顧　天狼　新壘月刊創刊號

一九三三年中國文學展望 馬達 電影與文藝三，四期
展開一九三三年 編者 橄欖月刊二十八期
由生產方法說到中國社會需要的文藝 劉永 飛瀑半月刊一卷一期
新文壇的昨日今日與明日 鄭振鐸 百科雜誌創刊號
我們所需要的文學 西諦 清華週刊三十七卷六期
今後中國新文學底使命 符紫青 東聲一卷一號
關於文壇的傾的考察 侍桁 大陸雜誌一卷六期

B.各地文藝

各地文化通信 若思等 讀書月刊二卷一期
各地文化通訊 邵天降等 讀書月刊二卷二，三期
文化通訊——國內各地文藝界訊 西彥等 橄欖月刊二十八至三十一期
一九三一年的杭州文藝 孫福熙 南華文藝第一卷三期
—爲「文藝新聞」的年鑑而作—

一九三一年南京文壇總結算　辛予　矛盾月刊二期

上海文藝之一瞥　魯迅講　文藝新聞二十，二十一號

上海文化界近況　盧方聿　北平晨報學園二八二期（二十一年四月十五日）

天津文壇的現狀及展望　何心女士　東方文藝創刊號

安慶文藝界之鳥瞰　絮茜　月刊一卷二期

沉埋著的溫州文壇　絮茜　月刊一卷二期

復興江西文藝運動　文學雜誌一號

C. 論語體文方言文藝附

十年來的國語運動　樂嗣炳　世界雜誌增刊

古文之末路　凱明　國論週刊一期

改革思想和喚醒民衆的工具　杜同方　國語週刊三期

改革文字之意見書　邢島　東方雜誌九卷七號

是不是陰謀古文復辟 滌洲 國語週刊二期
討論國語文上底兩件要事 後覺 國語週刊七期
論白話—讀南北極與小彼得的感想 清華週刊三十八卷四期
國文科入學試驗談 杜同力 國語週刊五期
與疑古玄同先生論文書 汪震 國語週刊十九期
駁瞿宣潁君文體說 荻舟 國語週刊十二期
舊話重提 朱文熊 國語週刊十五期
反對「奧語文藝」的四個理由 建言 先導第四期
「奧語文藝」我見 漫說 先導第四期
「奧語文藝」平議 忍秋 先導第一期

D.文學史

中國文學史綱要 劉永濟 學衡七十一期

文學史之新途徑　須尊　鞭策週刊二十一，二十二，二十三期

建設中國文學史底諸前提　匡亞明　新學生創刊號

E. 文法和修辭　作文方法附

中國古代文法中關於「吾」「予」「我」　王雲渠　師大國學叢刊一卷三期

三百篇之「之」　黎錦熙　燕京學報第八期

三百篇主述倒文句例　黎錦熙　師大月刊第二期

國文法五則　姚文概　民彝雜誌一卷六期

修辭與修辭學　陳望道　微音月刊一卷六期

修辭論　徐翔　微音月刊一卷一期

說跳脫與節縮　陳望道　微音月刊二卷三期

談中英文法比較　張煦　文學月刊一卷二期

「馬氏文通」答問　繆子才　廈大週刊二百六十四至二百七十期

「馬氏文通」刋誤質疑 劉銓元 廈大週刊十一卷十二，十三，十四，十六期

中學生自述的作文難 尤墨君 中學生六號

文章病院 中學生二十二號

按卽關於普通文章之毛病，在此篇內加以相當的診斷。

如何作文 施蟄存 青年界二卷二號

怎樣切題 尤墨君 中學生二十一號

論造句 尤墨君 中學生月刋十一號

論用字 尤墨君 中學生月刋十二號

論構段 尤墨君 中學生月刋十五號

論成篇 尤墨君 中學生月刋十六號

論極點與「之」底地的 高植 新時代月刋三卷五，六期

議論文之研究 李季和 孤興第二期

F. 專著

「山海經」——梧丘雜札 亥公 北平晨報藝圃(二十年八月二十一，二十二，二十四日)

「山海經」篇目考 蔣經三 國立中山大學語言歷史學研究所週刊(百期紀念號)

「山海經」餘義 邵瑞彭 中大國學叢編一期一，二冊

「山海經」之淵源 萬汝明 暨大文學院集刊第二集

內容(一)前人論山海經之性質，(二)前人論山海經之著作時代(三)山海經為西漢以後著作，(四)山海經為方士著作。

「山海經」中的古代故事及其系統 吳晗 史學年報第三期

「西京雜記」提要辨證 余嘉錫 中大國學叢編一期一冊

「橘頌」題釋及作者 張敦品 無錫國專學生自治會季刊第一期

「橘頌」的時代 丁迪豪 進展月刊十期

東方朔廿篇考 王雲渠 北平晨報學園二八四，二八五號(二十一年四月十九，二十一日)

「後出師表」辨偽 謝富禮 現代史學一卷一期

「文心雕龍」黃注補正 馬敍倫 文學月刊三卷一期

「文心雕龍」研究 李仰南 采社雜誌第六期
內容：（一）導言，（二）劉勰略傳（三）劉勰之思想淵源及其時代之背景，（四）文心雕龍之體系，（五）文心雕龍之評價，（六）文心雕龍之參考書籍。

「昭明文選」流傳之原因 家雁 清華週刊三十八卷十二期

李善之注爲「文選」功臣五臣後起思奪其席說者謂其紕繆良多試言其作注之概略及純駁所在 王樹槐 無錫國學專修學校叢刊第二期

八股文的沿革和它的形式 鄭師許 國立中國大學語言歷史學研究所週刊九集一零二期
（譯自日本鈴木虎雄支那文學概論五卷）

3,東亞其他各國

A.日本

日本文學之特質 謝六逸 現代文學評論一卷二期

日本文學之形態的特質 傅仲濤 鞭策週刊一卷十一期

日本的社會與文藝 朱雲影 讀書雜誌十一，十二期合刊

現代日本文學一瞥　毛一波　橄欖月刊十四期

松尾芭蕉與谷口蕪村之俳句　傅仲濤　鞭策週刊二十三期

松尾芭蕉俳句評譯　傅仲濤　新月四卷五期

九一八戰爭後的日本文壇　沈端先　文學月報一卷三期

日本近代文藝思潮　陳鐘凡　暨大文學院集刊第一集

日本最近文學流派的批判　默墨　青年世界一卷二，三合期四，五合期

日本之個人主義文學及其淵源　張資平譯　絜茜月刊創刊號

B.印度和土耳其文學

近三百年來印度文學概觀　許地山　天津益世報副刊（十八年十二月十二，十三，十六，十七，十八，十九，二十，二十三日）

印度現代文藝美術之革命　曼君　廣西青年十二期

印度貴族文學及其影響　孤懷　現代文學一卷二期

土耳其新聞學概論　楊昌溪　現代文學評論一卷第二期

4. 歐美各國文學

A. 通論

外國文學　茉莉等　世界雜誌一卷一期
歐洲各國文學的觀念　虛白　眞美善六卷四，五號
歐洲中古文學之一瞥　謝六逸　搖籃一卷一期
戰後中歐文學概觀　胡雪　讀書雜誌二卷九期
世紀末英法文壇　蕭石君　文藝月刊二期
新世紀歐洲文壇之轉動　李則綱　現代文學評論一卷三期
一九三二年的歐美文學雜誌　高明　現代一卷四期
　　關於歐洲文學的流派
文藝復興後歐洲文學的派別　顏爭銳　文藝戰線一卷三十二，三十三，三十四期
文藝復興片片　李朴園譯　亞波羅九期

歐洲中世紀時代浪漫文學底高度美　小泉八雲著　陳樹雪譯　民衆生活二，三，四期

B.英國文學

英國文學史緒論　Taine著　傅東華譯　文藝研究一卷一本
本篇依據World's Greatest Literature叢書內Heary Van laun的英譯本轉譯

前期維多利亞時代的英國文學　英葛斯著　韋叢蕪譯　文藝月刊二卷三，四號

譚尼孫時代的英國文學　英葛斯著　韋叢蕪譯　文藝月刊二卷五，六合刊，七號

現代英國文學概觀　毛一波　橄欖月刊第十八期

英國現代的文學　J. Isaaco原著　顧仲彝譯　暨大文學院集學第一集

近三十年的英國文學　美John Erskine著(1892—1922)　韋叢蕪譯　現代文學一卷五期

最近的蘇格蘭文學　曼如　前鋒月刊第六期

裴德的哲學思想與英國世紀末文學　蕭石君　北平華北日報副刊(十九年十一月二十四，二十五日)
按：裴德即WalterPater

葉慈(yeats)與愛爾蘭文藝復興 蕭石君 北平華北日報副刊(十九年十一月十七日)

莎學——研究莎士比亞的 張沅長 武大文哲季刊二卷二號

十八世紀的英國文學與中國 方重 武大文哲季刊二卷一，二號

近代英文學的主潮及其背景 矢野峯人著 趙世銘譯 北新四卷七號

現代英國文藝思潮概觀 劉大杰 現代學生一卷一期

C.美國文學

美國文學概觀 宮島新三郎作 森堡譯 當代文藝二卷四期
(譯自現代思潮概說)

美國文學的新趨勢 經用白譯 南華文藝一卷二期

美國文壇的新傾向 楊瑞麐 北平晨報學園四三七，四三八號(二十一年十二月二十九，三十日)

美國黑人文學的起源 汪倜然譯 眞美善六卷一號

美國工人與文藝 N.C. 藝術月刊創刊號

近代美國文學講話 余慕陶 微音月刊二卷七，八期合

現代美國文學概論　劉大杰　現代學生一卷二期

現代美國文學之趨勢　V.F.Calverton著　鍾憲民譯　文藝月刊一卷四號

布朗乃爾與美國之新野蠻主義　義山譯　大公報文學副刊一百二十三，一百三十期（十九年五月十九日。六月三十日）

D,俄國文學

浪漫主義以後的俄國文學　日本藏原惟人原著　毛一波譯　新時代月刊創刊號

俄羅斯文學上的敦果爾時代　文藝月刊三卷八期

俄國革命前的文學運動　馮乃超　藝術月刊刊創刊號

俄國第一次革命後的文學　胡立家　南開週刊一二九，一三〇期合刊（文藝專號）

俄國革命後文壇的鳥瞰　丕夫　文藝戰線三十四期

俄國文學史的片段　張資平　橄欖月刊三十期

俄國近代文學雜譚　冰　小說月報十一卷一，二號

新俄文學概況　愛南　讀書月刊二卷四，五合期

蘇俄文藝概論 凡伊斯白羅特著 洛生譯 小說月報二十一卷一，二號

蘇俄文學的新觀念 張露薇譯 北平晨報學園三〇二，三〇三期（二十一年五月二十三，二十四日。）

蘇俄十年間的文學論研究，岡澤秀虎著 陳雲帆譯 小說月報二十卷三號五，六，八，九號。二十一卷八號

蘇俄文學的新趨勢 何學尼譯 讀書雜誌三卷二期

蘇俄出版事業 Sidney Webb 著 晉武譯北平晨報學園四九二號（二十二年四月二十日）

十五年來蘇聯文學 馮文俠 文藝月報創刊號

偉大的第十五週年文學 上田進作 適夷譯 文學月報五，六號合刊

建設期的蘇維埃文學 阿衞巴赫著 春笳譯 新地月刊四五期合刊新興文化月刊六，七期

最近蘇俄文學 馮厚生 北平晨報北晨學園二四七至二五〇號（二十一年二月十五，十六，十八，十九日）

最近蘇俄文壇之趨勢 日本昇曙夢著 茂先譯 北平晨報學園三八二號（二十一年九月二十五日）

最近蘇聯之文學哲學與科學 岡澤秀虎岡邦雄著 徐翔譯 讀書雜誌二卷九期

俄國之文字獄 力 橄欖月刊二十六期

現代俄國文藝思潮論　日本昇曙夢作　劉大杰譯　現代學生一卷三期

論「同路人」與「工人通信員」—原名資平主義國家的普洛革文學的後備軍—　阿爾弗列特克萊拉著何丹仁譯文學月報五，六號合刊

由托拉斯基的文學與革命引起的蘇俄文藝論戰　德昌　清華週刊三十三，三十四期

E.法國文學

大戰後的法國文學　戴望舒　現代一卷四期

戰後十二年法國文藝社會及出版界的幾種趨向　謝康　文藝月刊二卷三號

巴黎文藝逸話　玄明　現代一卷一，二，三期

現代法國文學鳥瞰　李青崖　小說月報二十一卷五號

法蘭西文學底經濟背景　G. Hirschfeld著　汪倜然譯　世界雜誌第一卷二，三期

法國革命對於文學的影響　郎松作　夏康農譯　春潮月刊一卷三期

法國文學的各種主義

十八世紀法國文學的古典精神　黎烈文　學藝十二卷一號

法國古典主義與浪漫主義的戲劇 陳豫源 北平晨報劇刊八九期（二十一年九月二十五日）

法國浪漫派的評論 張資平 學藝雜誌十卷七號

法蘭西革命作家同盟宣言 秦川澤 新地月刊四，五期合刊

F.德國文學

德國的新興文學 川口浩原著 馮憲章譯 拓荒者一卷二期

德國戰爭文學 盧劍波 橄欖月刊十九期

德國文學底經濟背景 G. Hirscnfeld 著 汪倜然譯 世界雜誌一卷三期

G.匈牙利

匈牙利文學 吳康 暨大文學院集刊第一集

現代匈牙利文學 張露薇 清華週刊三十七卷七期

現代匈牙利文學概觀 本田滿津二著 適夷譯 青年界二卷一號

H.其他各國

希臘文學概論　蘇聯科千著　胡秋原賀蕢陀合譯　讀書雜誌二卷十期
羅馬文學的發生　謝宏徒　當代文藝一卷一期
意大利在十五世紀的文藝復興　盧章耀譯　亞波羅九期
最近的意大利文學　趙景深　現代一卷四期
新西班牙的文學　愛南　讀書月刊二卷四，五合期
——由古羅曼主義到新羅曼主義——
現代西班牙文學與革命　楊昌溪　前鋒月刊第七期
比利時一百年來的法語文學　式微譯　小說月報二十二卷十號
比利時之革命文獻　高魯　南華文藝一卷十四期
現代那威文學　楊昌溪　橄欖月刊十四期
現代荷蘭文學　趙景深　現代文學評論創刊號
現代愛沙尼亞文藝學鳥瞰　傅平　現代二卷六期
保加利亞文學小史　S. Shtiplieva 著　惟生譯　文藝月刊一卷四號

拉丁亞美利加的文學　周子亞　眞美善六卷六號

黑人文學中民族意識之表現　楊昌溪　橄欖月刊十六期

1. 歐美文學家的書信和隨筆

柴霍甫的書信　劉大杰譯　青年界一卷三期　當代文藝一卷五期

托爾斯泰的情書　王余杞　國聞週報七卷一至四期

關於託爾斯泰的一封信　戈管基作　柔石譯　萌芽月刊第一，二期

陀恩妥夫斯基給他妻的信　槐盦　清華週刊三十三卷九期

左拉的筆記　夏萊蒂譯　現代學生二卷二期

法郎士雋語抄　似之　天津益世報語林（二十二年二月八日）

歌德隨軍筆記　張競生　讀書雜誌二卷四期

雪萊到其妻哈麗特的信　饒餘威　清華週刊三十三卷二期

易卜生語錄　日新譯　天津益世報語林（二十二年二月十七日）

馬爾特勞利得布里格隨筆　沉鐘十四期

阿索林散文抄　戴望舒譯（西班牙文豪阿索林）　文藝月刊五，六期合刊

十一、平民文學

1.通論

平民文學的研究　明宇　文藝戰線一卷二十八，二十九，三十期

平民文學的探討　散飛　文藝戰線一卷三十二期

平民文藝的原則提綱　仲侃　絜茜月刊創刊號

民衆藝術的技巧（日）大杉榮作　楚橋譯　北平華北日報副刊（十九年十一月二十七

民間文學和民衆教育　編者　民衆教育季刊三卷一號

由平民文藝說到Nationalism　鐘流　絜茜月刊創刊號

通俗文藝論　陳无悶　民鋒半月刊一期

關於通俗文學　周作人　現代二卷六期

2. 中國之民間文藝

近年來中國民間文藝復興運動的經過 陸永恒 南華文藝一卷二期

關中之民間文學 李敬泰 西北研究七，八期

文學論文索引續編

中編　文學分論

一、詩歌

1. 通論

何謂詩　汪辟疆　時代公論十四號

秋天談詩　陳夢家　北平晨報學園四〇九，四一〇期（二十一年十一月七，八日）

詩　Paul Valery著　曹葆華譯　北平晨報學園四五六，四五七，四五八號（二十二年二月十，十四，十六日）

詩學集說　張穀菴　采社雜誌第四，五，六期

詩歌漫話　周倩絲　青年世界十期

詩歌底目的　挪威包以爾生著　華侃譯　世界雜誌一卷三期

詩底價值　黃獎山　中大季刊一卷二號

詩的進化　魯格思（F. L. Lacas）著　王蘇譯　新月月刊三卷四號

詩歌的過去現在與將來　蕭天石　橄欖月刊二十二期

論詩　武者小路實篤作　魯迅譯　莽原第十三期

論詩　梁宗岱　詩刊第二期

按：是一篇討論新詩今後的趨向的信，內容非常的豐富，並且還舉出不少的西洋詩的例子，確是值得一讀的文章。

論詩　郭沫若　文藝論集下卷

論詩　羅牧　北平晨報學園三一九號（二十一年六月二十三日）

—生命的嘆息的序言—

論詩　Paul Valery 著　張大倫譯　清華週刊三十六卷四，五合刊

論詩隨記　陳夢家　天津益世報文學週刊八期（二十一年十二月二十四日）

論詩之實質　翟永坤　北平晨報學園三一五期（二十一年六月十五日）

（兼論唐詩值得一讀）

論詩學門徑　佩弦　中學生月刊十五號

論詩的大小長短　梁實秋　新月月刊三卷十期

論現代詩與韻律問題　甘師禹　南華文藝一卷一號

內容：（一）引言，（二）詩是什麼，（三）詩的原素，

（四）詩與散文的分別，（五）詩之力量底功能，（六）詩與科學之異曲同功，（七）詩之眞質，（八）詩之教訓，（九）詩之類別，（十）詩之韻律，（十一）韻律的作用，（十二）詩之現代的韻律形式問題，（十三）結論。

論詩之創作 吳宓 大公報文學副刊（二十年一月十八日）

論作詩 于賡虞 北平晨報四〇二，四〇三號（二十一年十月二十五，二十七日）

作詩論 王均之 文藝創作講座第一卷

論讀詩 之燕 文藝創作講座第一卷

關於讀詩的一點意見 穆木天 讀書月刊二卷四，五合期

怎樣讀詩 殷作楨 讀書月刊二卷四，五合期

怎樣研究詩歌 穆木天 微音月刊二卷九期

從詩歌說起 N.C. 巴爾底山一卷一期

我對於詩的定義的了解 喬 崇實季刊十五期

望舒詩論 戴望舒 現代二卷一期

白壁德論今後詩之趨勢　吳宓譯　學衡七十二期

Wordsworth的詩論　陳瘦竹　國聞週報九卷三十二，三十三期

2. 詩歌的起源和性質

歌詩及音樂底起源　K. Bucher著　武思茂譯　小說月報二十二卷八號

詩歌底原始　德格洛綏著　汪馥泉譯　文藝月刊三卷四期

詩歌的產生　朱湘　文藝創作講座第一，二卷

詩之根源　普瑞司孝特作　蓮峰譯意　文學月刊三卷一期

詩的本質　孫俍工　當代文藝一卷一期

詩之想像　翟永坤　北平晨報時代批評十六期（二十一年六月八日）

詩的神秘　平伯　清華週刊三十七卷六期

談詩的文字之美　翟永坤　北平晨報學園三八四號（二十一年九月二十八日）

3. 詩的韻律和藝術

歌詩與韵律 穆武 晨星第一期（

詩韻問題 大弨 大公報文學副刊（二十一年一月十八日）

詩韻問題之我見 吳宓 大公報文學副刊（二十一年一月十八日）

詩學舉例 姚孟振 中大季刊一卷四號
內容（一）音韵例，（二）聲調例。

替詩的音律辯護 朱光潛 東方雜誌三十卷一號
—讀胡適的白話文學史後的意見—

詩家的描寫 Tohuson博士著 白杰譯 文藝戰線三十五，三十六，三十七期

詩之藝術 春靄 新壘月刊一卷三期

詩的藝術 卜拉德賚著 王澍濛譯 北國月刊一卷三期

在藝術的詩底概觀 孫俍工 當代文藝一卷二期

4. 詩與其他

詩與人生：一篇對話 Oliye Elton著 李健吾譯 華北日報副刊（十八年十二月七，八，九日）

詩與小說 孫俍工譯 現代文學評論創刊號

詩與散文　徐翔　微音月刊二卷二期

詩與預言　美國蒲瑞士考特著　李濂譯　睿湖第一期

詩與藥　普瑞士考特作　李濂譯　晨星月刊第一期

科學與詩　于賡虞　北平晨報學園三三四，三三五號（二十一年七月十八，十九日）

讀「科學與詩」想到詩與詩底科學　劉任萍　北平晨報學園三七一，三七二號（二十一年九月八，九日）

5. 各體詩論——詩的種種

近代詩的派別　荻原朔太郎著　孫俍工譯　青年界二卷一號

內容：（一）浪漫派，（二）高蹈派，（三）象徵派，（四）最近詩派。

敍事詩　孫席珍　文藝創作講座第二卷

敍事詩與抒情詩　孫俍工譯　現代文學評論一卷三期

史詩就是敍事詩　孫席珍　天津益世報語林（二十一年十二月十一日）

中國敍事詩　黴　天津益世報副刊（十九年五月二十，二十一日）

希臘的敍事詩 任庸 中庸半月刊一卷三期

論自由詩 邵冠華 文藝創作講座第一卷

自由詩與「十四行」 小鵠 新壘月刊創刊號

「十四行」體 羅念生 文藝雜誌一卷二期

十四行詩即所謂Sonnet（商籟體）

未來派的詩約及其批評 郭沫若 文藝論集下卷

談商籟體 一多 新月月刊三卷五，六期

6.中國的詩歌

A.舊詩歌

（1）概論

中國詩歌之起源 羅根澤 學文第五期

中國古代詩之研究及評論 白杰 文藝戰線二十期

內容：（一）敍言，（二）中國詩之發源，（三）詩經之批評，（四）結尾。

中國古代對於詩歌的了解　胡懷琛　世界雜誌二卷五期

論詩　陳石遺　民彝雜誌一卷九期

詮詩　繆鉞　學衡六十九期

談詩　竹銘　民彝雜誌一卷七期

說詩　繆篆　廈大週刊十二卷十六，十八期

論舊詩與舊詞　余慕陶　微音月刊二卷九期

吳夜鐘論詩　菊屋　天津益世報文藝週刊（十八年十月十八，二十五日）
按：吳夜鐘字起蛟，名雷發，清江蘇震澤人。

蘭茗館論詩　許奉思　民彝雜誌一卷八，十期
按：茲篇所述，係仿詩品格式，評論歷代各家之優劣高下。

郭允叔師講授筆記　李光英　采社雜誌第四，五期
（按均關於論詩方面的）

詩之流別　陳柱　學藝十卷一號
內容多屬於中國詩之派別

說冲濟　徐梗生　微音月刊二卷七，八期合刊
（舉例及古代冲濟之詩人名句）

編述中國詩歌史的重要問題　汪辟疆　國風半月刊七號

歷代詩敍略

中國古代的無韵詩 陸侃如 文學年報一期

漢詩綜論 許文玉 暨大文學院集刊第一集

內容：（一）引言，（二）論體製源流，（三）論思想背景，（四）論樂舞概略，（五）論韵。

論漢人詩示安徽大學文學院諸生 李大防 安徽大學月刊一卷一期

魏晉南北朝詩之演變大勢 張長弓 燕大月刊六卷一期

唐代詩歌 國立中山大學文史學研究所月刊一卷一期

唐詩「四唐」說考異 許惠芬 北大學生一卷一期

按：所謂四唐，即初盛中晚之謂

論唐代敍事詩 鈴木虎雄著 邵青譯 北平晨報學園六十六，六十七號（二十年四月十四，十五日）

唐宋時代「行」的觀察 李冰若 暨大文學院集刊第二集

南宋詩人眼中的農民痛苦 畜隣室主 國聞週報八卷二十四期

詩人眼中的苛稅與農民 畜隣室主 國聞週報八卷十一號

江西詩派——代表人物——作品——及其反對詩派　西冷　南方雜誌創刊號
清代詩學概論　金受申　公教青年會季刊二卷一期
論近代詩　汪辟疆　時代公論十，十二號

(2)專論

五言詩起源說評錄　羅雨亭　河南中山大學文科季刊第一期
五言詩起源問題叢說　張長弓　晨星月刊第一期
再論五言詩的起原　朱偰　天津益世報學術週刊（十八年四月十五，二十二日）
五言詩成立的時代問題　游國恩　武大文哲季刊一卷一期
西漢之五言詩　王志剛　孤興第一期
五七言詩體成立考　陶嘉根　文學叢刊第一集
七言詩起原考　王耘莊　兩週評論一卷一期
七言詩之起源及其成熟　羅根澤　師大月刊第二期

絕句源流的研究 鈴木虎雄著 李邵書譯 北平晨報學園二十七，二十八號（二十年一月二十七，二十八日）

垓下大風歌 賀凱 中國文學史綱要二編二章

北方的尙武歌 賀凱 中國文學史綱要二編三章

南方的兒女文學 賀凱（例如吳歌等曲） 中國文學史綱要二編三章

樂府 賀凱 中國文學史綱要二編三章
內容：（一）郊祀歌，（二）鐃歌，（三）橫吹曲，（四）相和曲。

樂府概論 魏紹誠 北平晨報學園二十，二十一號（二十年一月十六，十七日）

古詩 賀凱 中國文學史綱要三編二章（卽古詩十九首）

我對於蘇武詩所發生的疑問 方愁 河南民報副刊寸土（十八年五月）

古詩十九首所表現的情感 訪秋 河南民報副刊寸土（十八年五月）

古詩十九首論叢 常工 晨星月刊第一期

中國敍事詩 徵 天津益世報副刊（十九年五月二十，二十一日）

故事詩 賀凱 中國文學綱要二編二章

古詩爲焦仲卿妻作札記　段凌辰　勵學第二期

孔雀東南飛年代考(上篇)　王越　國立中山大學文史學研究所月刊第一卷第二期

胡笳十八拍作於劉商考　羅根澤　朝華月刊二卷一，二合期

木蘭詩作於韋元甫考　羅根澤　朝華月刊二卷三期

陶詩小識　畏公　中法大學月刊二卷三，四期合刊

阮藉及其詠懷詩　會因　北晨學園六八，六九，七十號(二十年四月二，三，四日)

庾信哀江南賦與杜甫詠懷古跡詩　陳寅恪　清華中國文學會月刊一卷一期

長恨歌及長恨歌傳的質疑　俞平伯　小說月報二十卷二號

杜甫詩研究　振作　搖籃一卷一期

杜甫戲爲六絕句集解　郭紹虞　文學年報一期

杜詩地名考　陳鳴西　文學叢刊第一集

杜詩地圖十幅　陳鳴西　文學叢刊第一集

杜工部甫草堂詩年表　梁造今　文學叢刊第一集

李白的詩　民生　鞭策週刊十九期

輞川詩集窺蠡　孟雄　民鳴月刊一期

白樂天詩　江寄萍　大戈壁一卷四期

李長吉詩　江寄萍　大戈壁一卷二期

蘇詩的旁窺　鼂公　國聞週報九卷二十一期

內容(一)蘇詩的用典,(二)蘇詩的詼諧,(三)蘇詩所表現的襟度,(四)蘇詩的理論。

韋莊秦婦吟箋　鄒立權　齊大月刊二卷三期

明代的「時曲」　鄭振鐸　文學雜誌一卷二號

時曲指明代民間的詩歌

吳梅村非戰作品的評價　畜隣室主　國聞週報八卷七,八,十二期

漁洋詩　江寄萍　大戈壁一卷三期

王漁洋之七言絕詩　吳天石　無錫國專學生自治會季刊第一期

—讀詩雜記之一—

乾嘉詩壇點將錄　欒廷玉　東方雜誌第六年第一，二期

吳歌與詞　劉堯民　中央大學半月刊二卷五期

古詩書目提要　許文玉　國立中山大學語言歷史學研究所週刊九集（一零六期）

吳芳吉論史詩計劃書　大公報文學副刊二百三十三期（二十一年六月二十日）

(3)作品

詩史　胡茨村　小說月報五卷五至十一號（內係記明末崇禎十七年及弘光年間事）

辛壬詠史詩　大照　大公報文學副刊二百二十九期（二十一年五月二十三日）

瀋變記事詩　王蔭南　大公報文學副刊二百七十至二百七十三期（二十二年三月六，十三，二十，二十七日）

五百大刀隊歌　王越　大公報文學副刊二百七十七期（二十二年四月二十四日）

某女史絕句百首　平伯　文學月刊一卷一期

無名氏的詩及不識字人作的詩　胡懷琛　學生雜誌十六卷十號

夏節愍詩選　嶧桐　建國月刊七卷四期

夏節愍獄中草　夏完淳　建國月刊七卷五期

朱粥叟稀齡唱和集　高變（朱名雲逵）　國學業選第十五，十六集

亭林先生集外詩　沈思孚集錄　人文月刊二卷八期

王壬秋巫山高詩牋　繆篆　厦大週刊二三〇期

墨井集　張雲章　天津益世報（十八年一月三日，五至十日，十二至二十日，二十二至二十四日）

（戴公教叢談欄）內容乃詩鈔並序

按：張雲章字漢瞻，一字倬庵，號墨井道人；清時人

人境廬集外詩　東巒　京報文學副副刊四十一期

（4）評讀　舊詩集的評介附

茸芷繚衡室古詩札記　平伯　清華文學月刊二卷一，二期（內容均偏於古詩十九首章句之解釋）

讀漢高帝大風歌　周　春箏二卷一期

讀曹子建詩札記　蕭滌非　學衡七十期

讀謝康樂詩札記　蕭滌非　清華中國文學會月刊一卷四期

讀阮詞宗詩札記　薾漈非　學衡七十期

讀李杜詩集後的批評　白璧　春筝二卷二期

述方回詩評　朱東潤　武大文哲季刊二卷一號

讀雪壓軒詞　何子京　京報文學副刊三十八期

評聲越詩詞錄，胡春宛　大公文副一百五十八，一百五十九期（二十年一月十九，二十六日）

洪北江詩評　東方雜誌六年三期

餅水齋論詩絕句　舒鐵雲　東方雜誌六年三期

讀北流陳杜尊先生待焚詩稿　王遽常　大公報文學副刊一百七十九期（二十年六月十五日）

嶺雲海日樓詩鈔述評　王越　大公報文學副刊二百四十六期（二十一年九月十九日）

（清末詩人邱滄海所作，關於台灣爲日佔之悲歌）

餘生詩話　吳宓　大公報文學副刊二百四十六期（二十一年九月十九日）（附錄一）

臺灣兩遺民詩　盧前　大公報文學副刊二百四十六期（二十一年九月十九日）（附錄二）

重印人境廬詩草雜評　羅香林　大公報文學副刊一百六十二期（二十年二月十六日）

錯誤百出之人境廬詩草約重印本　管雄　中國新書月報一卷十二號　——黃遵憲著，高崇信尤炳圻同校點。化學社出版——

古直與管雄論人境廬詩草　中國新書月報二卷二，三號

五言飛鳥集的價值　曼曼　中國新書月報二卷七號　——飛鳥集太戈爾詩，姚茫文意譯，中華書局版。——

出塞曲　趙芸堂　中國新書月報二卷八號　——拜蘋女士編，亞細亞書局出版。輯唐詩中紀戰與非戰的作品——

宴池詩錄甲集　凌宴池著　大公報文學副刊二百七十九期（二十二年五月八日）　——發售處北平宣武門內象坊橋九號凌宅——

談風沙集　何春才　大公報文學副刊二百四十二期（二十一年八月二十二日）　——王越的詩集——

（5）詩話　聯話附

石遺室詩話續編卷一　侯官陳衍　東方誌雜十二卷七至十二號

今傳是樓詩話　逸塘　國聞週報七卷二十六期起間期刊登。八卷八，十二，十八，二十二，二十七，三十二，三十七，四十二，四十六期。九卷十五，三十三，四十八期。十卷七，十二期。

怡園詩話　沈彭齡　東北叢鐫十二，十五，十七期

姑惡詩話　豈明　鞭策週刊一卷五期

逸馨室詩話，復忱　天津益世報益智欄（十八年一月五、六，十一，十三，十五二十九日。二月五，六日。）

訓影樓詩話　包天笑　珊瑚半月刊二卷一號

邊僑詩話　稽盫青　新亞細亞月刊一卷六期

舊詩漫話　錢畊莘　文藝茶話一卷三期

詩話的話　董克中　勵學第三期

詩品平議　石遺　北平晨報藝圃（二十年五月七，八，十，十三，十四，十九，二十一，二十二，二十五，二十六，二十七，三十日。六月，，一，二，四，六，十一，十二，十三，十五日。）

聯話｜惜陰堂筆記之一｜　惜陰　人文三卷一期

白屋聯話　劉大白　世界雜誌一卷三，四，五期。二卷一，三期

天和閣聯話，慎　北平晨報藝圃（二十一年四月三十日。五月三，七，十，十四十七，二十，三十一日。六月四，七，十七，二十二日。七月一，五，二十五日。九月五，七，十二，十六，二十一日。十月五，十八，二十一，二十三日。十一月一，七，十，三十日。十二月七，十二，二十，

，二十四，三十日。二十二年一月九，十一，十六，二十四，二十五，二十八日。二月一，四，十八，二十一，二十八日。三月二十二日。四月四，十一，二十九日。五月二日）

褒碧齋聯話 青鶴雜誌一卷三，四，五，六期

嚋菴札記—聯話篇 黃際遇 孤興第一期

B,新詩

（1）概論

中國新詩壇的鳥瞰 戚維翰 學生雜誌十六卷十號

中國新詩之過去及今後 丁丁 現代文學評論創刊號

論中國詩的出路 佩弦 清華中國文學會月刊一卷四期

按：本篇係對新月出版的詩刊的批評，並關於今後新詩出路問題的討論。

論新詩 常燕生 大公報文學副刊二百六十三期（二十二年一月十六日）

論新詩 張相曾 南開週刊一二九，一三〇期（文藝專號）

談新詩—讀余先生兩篇新詩論文以後　家雁　清華週刊三十七卷四期

新詩諍言　于賡虞　京報文學副刊三二期

新詩的格調及其他　梁實秋　詩刊創刊號

新詩的形式和格律　宏告　北平晨報學園四四一，四四二期（二十二年一月十二，十三日）

詩的革命　徐慶譽　世界旬刊五期

爲新詩辯護　雷導哀　大聲一卷一期

我來談談新詩　月軒　泊聲創刊號

我們寫新詩的態度　柳無忌　南大週刊一三四期

我們怎麼樣去讀新詩　沈從文　現代學生一卷一期　按：他把新詩分作三個時期；（一）嘗試時期，（民國六年到十年或十一年）（二）創作時期，（民國十一年到十五年）（三）沉默時期。（民國十五年到十九年）

怎樣寫成我們的詩　盧冀野　中學生四號

一九三〇年中國普羅詩歌概評　朋淇　當代文藝一卷二期

（2）批評 新詩集的評介附（作者和出版處均書於另行）

論聞一多的死水 沈從文 新月月刊三卷二號

論聞一多的死水 邵冠華 現代文學評論一卷二期

死水的枯涸 羅念生 文藝雜誌一卷二期

論朱湘的詩 沈從文 文藝月刊二卷一號

論劉大白的詩 張露薇 北平晨報時代批評七，八期（二十一年四月六，十三日）

論悔與回 聞一多 新月月刊三卷五，六期

論徐志摩的詩 沈從文 現代學生二卷二期

論徐志摩的「翡冷翠的一夜」 張露薇 清華週刊三十七卷六期

評志摩的詩 于成澤 京報文學週刊三十二期

志摩的詩 于賡虞 北平晨報學園哀悼志摩專號（二十年十二月九日）

猛虎集 守初 南開一二一期

—徐志摩，著新月書店出版—

冰心女士的「繁星」與「春水」趙眞 中國新書月報一卷十，十一號
—「繁星」商務印書館版。「春水」北新書局版一、

「新月詩選」—陳夢編，新月書店發售—冠英 大公報文學副刊二百一十期（二十一年二月一日）

讀「新月詩選」蓮時 中國新書月報一卷十二號

論「夢家詩集」林希雋 海濱文藝創刊號

評「夢家詩集」胡適 新月月刊三卷五，六期

評「獅子吼」—王平陵的詩集—錢春 矛盾月刊三，四期合刊

評詩集「花要落」去—羅君寶册的詩集，北平文化學社代售—霜楓 北平益世報草蟲旬刊第二十一，二十二，二十三期

談「旅程詩集」—邵冠華著，現代書局經售—施雲清 中國新書月報二卷六號

盧葆華女士新舊詩集—（一）血淚（新詩集）杭州仁和路四號發售（二）「飄零」（舊詩集）發售處同上— 大公報文學副刊二百七十九期（二十二年五月八日）

「靈飲」與「落日頌」—曹葆華著，新月書店發行— 大公報文學副刊二百七十三期（二十二年三月二十七日）

讀「寄詩魂」—曹葆華著，北平震東印書館出版—鍾平 北晨學園一百零五號（二十年五月二十九日）

論方德瑋「丁香花的歌」陳夢家 大公報文學副刊二百六十三期（二十二年一月十六日）

由新月書店代售

三秋草—卞之琳詩集，新月書店代售 大公報文學副刊二百八十一期（二十二年五月二十二日）

誓言—陳伯吹的詩集— 王樹勳 張運時 眞美善月刊七卷三號

7. 外國詩歌

日本詩之研究 蔣東岑譯 橄欖月刊二十七期

希臘的敍事詩 任庸 中庸半月刊一卷三號

荷馬的敍事詩 文生譯 摩爾寧月刊一卷二期

魏琪爾之田功詩 施蟄存 小說月報二十一卷十一號

魏琪爾是一個羅馬的詩人生於70—90A.D.

魏琪爾之牧歌 施蟄存 小說月報二十一卷十一號

法蘭西詩話 王維克 小說月報二十二卷一號

法蘭西中世紀敍事詩 吳康 國立中山大學文史學研究月刊第一卷第二期

十九世紀法國抒情詩講話　穆木天　文藝創作講座第二卷

阿達剌(Otala)研究　曾覺之　中法大學月刊一卷五期。二卷一期
(法國的史詩)

維尼及其詩歌　木天　創造月刊一卷九期
維尼(Alfred de Vigny)是十九世紀法國的浪漫派重要人物

龍沙與七星詩社　夏炎德　學術季刊創刊號
—法國文藝復興時期一詩派—

英美新興詩派　高明　現代二卷四期

英國現代之詩歌　張鳴琦　戲劇與文藝一卷十，十一期

談英國詩歌　梁遇春　現代文學創刊號
內容：(一)英國古民歌，(二)伊利莎白時代的詩歌，(三)十七世紀詩歌，(四)十八世紀詩歌；(A)古典主義，(B)過渡主義，(五)十九世紀詩歌，(A)浪漫派時代(B)維多利亞時代，(六)近代詩歌。

幾首關於歐戰的英詩　鐘天心　文化第二號

評失樂園　譜　天津益報文學週刊(二十一年十月五日)
—失樂園是英詩人密爾敦無韵史詩，傅東華譯列入萬有文庫—

譯夏芝詩贅語　安簃　現代創刊號

現代美國詩概論　朱復　小說月報二十一卷五號

美國詩的新時代 高陷 北平晨報學園二五九號（二十一年三月七日）
德國詩人及其詩歌 張君川 清華週刊三十八卷五，六期
俄國新興詩壇概觀 馮文珠 現代一卷二期
瑪耶闊夫司基底詩 陸立之 現代文學一卷四期
一個俄國偉大的革命詩人

二、民歌

1.通論

民歌在文學上的價值 李白英 文藝創作講座第一卷
民歌短論 R. V. Williams 著 溫達平譯 民衆教育季刊三卷一號
民歌研究 義田 民衆生活八，九期
民歌鑑賞論 李白英 文藝創作講座第二卷
民歌的一種表現法數目字之應用 授衣 晨星半月刊第六期
山歌的形式內容和功用 張瑛 民衆生活三十三期

歌謠瞎說　林培廬　黯葉第一卷一期

歌謠與文藝　樂嗣炳　微音月刊一卷八期

歌謠與小曲　C. S. Burne 著　周有光譯　民衆教育季刊三卷一號

歌謠與風俗　樂嗣炳　微音月刊一卷一期

關於歌謠比較問題　丘峻　民俗九十期

關於歌謠比較的研究　于飛　民俗一〇八期

中國之歌謠

怎樣研究中國歌謠　樂嗣炳　當代文藝一卷四期

歌謠（述我國古代民間的歌謠）　賀凱　中國文學史綱要二編二章

對于閩歌甲集貢獻幾點小意見　薛澄清　民俗九二期

談談兩部俚曲　葉德均　民俗九一期

2. 各地民歌

A.中國歌謠集的評介附（作者和出版處均書於另行）

上饒的鄉村歌謠　著誠　民鋒半月刊一，二期

川東情歌五十首（附讀歌雜記）樊縯　民俗九二期

巴歌　于飛　民俗一〇九期

巴歌雜記之六　于飛　民俗九十期

輯巴歌雜記四則　于飛　民俗八二期

輯巴歌雜記之七　于飛　民俗九一期

輯巴歌雜記之九十　于飛　民俗一〇一期

輯巴歌雜記之十一　于飛　民俗一〇五，一〇六期合刊

輯巴歌雜記之十二　于飛　民俗一〇七期

山西河東民謠　朱揚善　民俗一〇五，一〇六期合刊

山西河東一帶之歌謠集　崔盈科　禮俗一，二，三，五期

吉安的鄉村歌謠　張去病　民鋒半月刊三期

東莞兒歌一束　徐麥秋　民俗一〇二期

河南民歌中的匪災與兵災　經庵　民俗一一〇期

南海九江兒歌　丘峻　民俗一〇二期

民族藝術——永定山歌　樂嗣炳　微音月刊九，十合期

杭州歌謠　趙肯甫　民俗一〇七期

蛋歌　清水　民俗七六期
編者鍾敬文發行者開明書店

福州蛋戶的歌調　謝雲聲　民俗七六期

客家的情歌　賀揚靈　讀書雜誌一卷二，三號

寧波歌謠一束　王鞠侯　民俗一〇五，一〇六期合刊

翁源兒歌　清水　民俗九一，一一〇期

富陽歌謠　葉鏡銘　民俗八四，一一〇期

富陽和蕭山交界地方最通行歌謠　葉桐封　民俗一〇七期

瓊崖歌謠　黃有琚　民俗八·三期

雲南歌謠一束　李崧英　民俗八五期

湖南安化歌謠　何觀洲　民俗一一〇期

低級文化民族的歌謠　程懋筠　民衆教育季刊三卷一號

舞牛歌　清水　經才　民俗一〇五，一〇六期合刊

關於陸豐歌謠　民俗一〇五，一〇六期合刊

關於婦女生活的歌謠　袁洪銘　民俗一〇八期

吳歌丙集　王君剛　禮俗第二期

介紹與批評——掛枝兒　李贊華　現代文學評論一卷二期（志遠校點，華通書局出版）

嬌小玲瓏的兩本情歌　叔頁　中國新書月報一卷八號（「掛枝兒」與「南洋戀歌」）

白雪遺音續選　李贊華　現代文學評論一卷二期（上海北華書局印行）

迴環朗誦的中國民歌十首—陳瑜善顧惠民編，開華書局出版—　猬公　中國新書月報一卷五號

B.外國

法蘭西民歌研究　林文錚　民衆教育季刊三卷一號

瓦嘉船夫曲　盧伽　天津益世報文藝週刊（十八年四月十一，十八日）
按：即俄國伏爾加的漁夫歌

朝鮮悲歌七首　春樹譯　北平晨報學園四二九號（二十一年十二月十五日）

詩人彼得僧僧山歌　趙簡子譯　民俗七期
(The Hill Songs of Pedro mongo)

三、楚辭與賦

楚辭　賀凱　中國文學史綱要二編一章

楚詞研究　周幹庭　齊大月刊二卷三，四期

楚辭研究　王志信　南大週刊一三七，一三八合刊
內容：（一）導言，（二）屈原傳略，（三）屈原作品，（四）尾音。

楚辭的研究　林元漢　協大學術第二期

楚詞音韻　周幹庭　齊大月刊一卷六期。二卷一期

楚辭章句徵引楚語考　洛鴻凱　師大國學叢刊一卷二期

楚辭十六卷是劉向所校集的麼　王雲渠　北平晨報學圜二〇四，二〇五，二〇六號（二十年十月二十四，二十六，二十七日）

楚辭非劉向所集一個新証據　王雲渠　北平晨報學圜二二六至二二九期（二十一年一月十二，十四，十五，十八日）

楚辭校勘記　范午　文學叢刊第一集

漢志屈厚賦二十五篇考　朱保雄　清華週刊三十四卷六期

屈賦考源　游國恩　武大文哲季刊一卷三，四期

屈子發微　陳介石　唯是第一册

屈原與離騷　李陵　南大週刊一三七，一三八期合刊

內容：（一）引言，（二）屈子對本土的純愛，（三）楚國之冷酷環境，（四）屈子內心的茅盾，（五）結語。

懷屈原　華林　新時代月刊一卷三期

九歌的研究　丁迪豪　讀書雜誌二卷九期

讀九歌　馬其昶　民彝雜誌一卷五期

騷的藝術　蕭秉乾　燕大月刊六卷一期

離騷之用比　蕭滌非　清華週刊三十五卷二期

離騷的成分問題　張靈瑞　國立中山大學語言歷史學研究所九集九十八期

離騷文字版本異同之比較及其糾繆　黃煥文　東吳一卷一期

讀離騷　范崇高　文學叢刊第一集

讀九辯招魂　張誠　民彝雜誌一卷一期

論賦之封略　段凌辰　河南中山大學文科季刊第一期　國立中山大學語言歷史學研究所週刊九集一〇六期

辭賦與騷賦　許世英　文學月刊三卷一期

古典賦家　賀凱　中國文學綱要二編二章

從王粲登樓賦說到騷賦與辭賦的分別　般乃　清華週刊三十七卷七期

四、詞

1. 概論

何謂詞 胡雲翼 藝林二十一期

詞學講義 況周頤遺著 詞學季刊創刊號

詞學講義 山陰壽鑈石工父 湖社月刊六十二至六十五册

詞的原始與形式 姜亮夫 現代文學一卷五期

詞的起源 荃蓀 百科雜誌創刊號

詞體之演進 龍沐勛 詞學季刊創刊號

原詞 張君達 無錫國季學生自治會季刊第一期

運用口語的塡詞 日本鈴木虎雄作 魯迅譯 莽原二卷四期

歷代詞敍略

研究宋詞的我見 許之衡 北大學生一卷五，六期（此文係在研究所國學門講演稿。）

北宋詞 賀凱 中國文學史綱要二編五章

南宋詞 賀凱 中國文學史綱要二編五章

五代的詞　賀凱　中國文學史綱要二編五章

清詞拾遺　北平晨報藝圃（二十年五月六，七，八，九日）

浙派詞與常州派詞　劉宣閣　微音月刊二卷二期

常州詞派之流變與是非　任二北　清華中國文學會月刊一卷三期

近代名賢論詞遺札　沈曾植，朱孝臧，嚴復等著　詞學季刊創刊號

2. 詞話評讀札記附

選讀軒詞話　朱保雄　清華週刊三十四卷一期

醉月樓詞話　伴鷗　民彝雜誌一卷一，四期

酙月樓詞話　配生　北平晨報藝圃（二十年五月三十，三十一日。六月三，五，七，十一，十八，二十三日。七月二，八，十四，二十一日。）

餐櫻廡詞話　況周頤　小說月報十一卷五至八號

韋齋雜說　易大丁　詞學季刊創刊號

金陵新詠—夕陽詩話之一—　蔣成堃　厦大週刊十一卷十五期

「蓬山」的故事 蔣成堃 廈大週刊十一卷十六期（在舊詩詞中常有所謂「蓬山」「蓬萊」的詞兒，本篇卽將此詞加以解釋。）

新體無題 蔣成堃——夕陽樓舊詩新話之三—— 廈大週刊十一卷十八期

西湖與采桑子 賤名——夕陽樓舊詩新話之四—— 廈大週刊十一卷十九期

落花詩 蔣成堃——夕陽樓舊詩新話之五—— 廈大週刊十一卷二十期

春燕與秋燕 蔣成堃——夕陽樓舊詩新話之六—— 廈大週刊十一卷二十一期

浣溪紗 蔣成堃——夕陽樓舊詩新話之七—— 廈大週刊十一卷二十二期

鷓鴣天 蔣成堃——夕陽樓舊詩新話之八—— 廈大週刊十一卷二十三，二十四合期。

讀詞偶得 平伯 中學生月刊十六，二十，三十一號

讀書雜記——詞 余慕陶 文藝茶話一卷一期

讀閨秀百家詞剳記 楊式昭 文學年報一期

讀顧美季先生荒原詞 朱保雄 清華中國文學會月刊一卷三期

3. 雜誌

人間詞話箋証正誤　徐緒昌　晨星半月刊第八期

朱淑眞生查子詞辯誣　陳潄琴　婦女雜誌十七卷七號

論清眞荔枝香近第二有無脫誤　平伯　清華中國文學協月刊一卷三期

從永樂大典內輯出直齋書錄解題所載之詞　唐圭璋輯　詞學季刊創刊號

詞籍考　趙遵嶽　中華圖書館協會會報六卷三期

菉斐軒詞韵時代考　趙蔭棠　北平晨報學園一二號（十九年十二月十七，十八日）

詞集提要　趙尊嶽　詞學季刊創刊號

詞壇消息　詞學季刊創刊號

4. 論詞之解放

詞的解放運動　曾今可　新時代月刊四卷一期

詞的反正　張鳳　新時代月刊四卷一期

爲詞的解放運動答張鳳問　曾今可　新時代月刊四卷一期

詞的我見　柳亞子　新時代月刊四卷一期
談詞的解放運動　章石承　新時代月刊四卷一期
論詞的解放運動　柳風　新壘月刊四號
唱出自已的情緒——永嘉長短句序　郁達夫　新時代月刊四卷一期
與曾今可論詞書　董每戡　新時代月刊四卷一期
與柳亞子論詞書　董每戡　文藝茶話一卷四期
關於「活體詩」的話　張鳳　新時代月刊四卷一期
關於平仄及其他　柳亞子　曾今可　新時代月刊四卷一期
保存與改革——論詞之應保存與改革　褚問鵑　新時代月刊四卷一期
讓牠過去罷　余慕陶　新時代月刊四卷一期（過去了的詞讓牠過去，寫些大衆的詞）
譜的解散　張雙紅　新時代月刊四卷一期

五、戲曲

1. 戲劇通論

二十世紀莎翁蕭伯納之戲劇談　白華譯　國聞週報七卷四十七期

何謂戲劇　馬彥祥　徵音月刊一卷一期

什麼是「戲劇的方法」　洪深　天津益世報戲劇與電影十，十一期（二十二年一月十一，十八日）

戲劇　劉守鶴　劇學月刊一卷八，九，十一，十二期

戲劇藝術論　馬彥祥　文藝創作講坐第二卷

戲劇講話　馮三昧　徵音月刊一卷二期

戲劇閒話　陳豫源　北平晨報劇刊九一期（二十一年十月二日）

戲劇批評　陳豫源　北平晨報劇刊九期（二十年二月二十二日）

戲劇的內容與技巧　洪深　天津益世報戲劇與電影二十六，二十七期（二十二年五月三，十日）

戲劇之一般概念　郁達夫　藝林十九期

戲劇之基本原理　向培良　小說月報二十二卷三號

戲劇進展之概略 鳴琦 天津益世報副刊（十八年十一月二十五日）

戲劇中增强勢力之方法 C. Hamilton著 張瑞康意譯 北平晨報劇刊七期（二十年二月八，二十二日。三月一日）

戲劇藝術的鑑賞論 吳士星 北平晨報劇刊一九期（二十年五月三日）

劇場藝術的本質 王家齊譯 北平晨報劇刊七二期（二十一年五月二十九日）

戲台人格與類型 歐文作 石質譯 天津益世報戲劇與電影二十七期（二十二年五月十日）

論戲劇的認識 吳士星 北平晨報劇刊五三期（二十年十二月二十七日）

怎麼研究一個劇本 陳治策 容湖第一期

劇本的讀法 毛秋白 現代學生一卷六，七期

怎樣讀劇 殷作楨 讀書月刊二卷四，五合期

怎樣研究莎士比亞 王文祺 中大季刊一卷四號

怎麼樣看戲 陳治策 北平晨報劇刊二十一期（二十年五月十九日）

門外的漢劇藝談 寒江 國聞週報八卷三至六期

關於戲劇　John Galsworthy 著　張國傑譯　春筝一卷二期

藝術劇社第一次座談會速記　邱韻鐸　龔冰廬等　藝術月刊創刊號

歷代戲劇敘略

原始的戲劇　馬彥祥　北平晨報劇刊八三期（二十一年七月三十一日）

大戰後世界劇壇的新趨勢　楊村彬　北平晨報劇刊一二〇至一二二期（二十二年四月九，十六，二十三日）

——近代各國劇作家鳥瞰圖結論——

近代戲劇的開展與分化　楠山正雄　乃力譯　文藝戰線四十二，四十三，四十四號

現代戲劇大綱　美 Thomas H. Dickims 作　春冰譯　戲劇雜誌二卷二至五期

現代戲劇　美 Clayton Hamilton 著　李辰冬譯　天津益世報副刊（十九年一月二十二，二十三日）

現代幅社會劇之演進及其批評法　C. Hamilton 著　曼譯　朝華月刊二卷五，六期

近代戲劇的性問題　Elmer Rice 著　挹珊譯　國聞週報九卷二十九，三十期

將來的戲劇　夏子聰　劇學月刊一卷十二期

2. 各種戲劇

戲曲的種類 藤井眞澄著 甄乃力譯 北平晨報劇刊一二三期(二十二年五月七日十四日)

戲劇的種類 陳治策 戲劇與文藝一卷八，九期

近代劇的種別 乃力 文藝戰線一卷三十八期

古代傀儡劇 Helen Haiman Joseph著 佟賦敏 劉守鶴合譯 劇學月刊二卷三期

十九世紀的歌劇 小松青作 楚橋譯 北平晨報劇刊一九期(二十年五月三日)

歌劇的歷史 小松清作 楚橋譯 北平晨報劇刊一六期(二十年四月十二日)

歌劇的發展 小松清作 楚橋譯 北平晨報劇刊二七期(二十年六月二十八日)

論歌劇 張鳴琦 天津益世報副刊(十九年四月一，二日)

論歌劇 小松清作 楚橋譯 北平晨報劇刊一一期(二十年三月八日)

史劇 熊佛西 天津益世報副刊(十九年五月九日)

歷史劇的語言 余上沅 新月四卷三期

悲劇何以是愉快的　夏斧心　戲劇與文藝一卷十，十一期

悲劇中的喜劇　希什珂夫作　高滔譯　北平晨報學園二九一至二九四號（二十一年五月二，三，五，六日）

論悲劇　熊佛西　天津益世報副刊（十九年四月十九，二十二，二十三日）

論悲劇研究　凌波　文藝創作講座第一卷

索弗克雷底悲劇藝術　克利斯愓安穆夫演說　楊丙辰譯　鞭策週刊一卷十三，十七期

The Comedy　A.L. Pollard-Vrquhart　清華學報七卷一期

喜劇論　馬彥祥　天津益世報戲劇與電影一，二期（二十一年十一月九，十六日）

論喜劇　朱端均　文藝創作講座第一卷

律劇散劇動劇道劇　湼泇　天津益世報戲劇與電影二期（二十一年十一月十六日）

獨幕劇汎論　洛　北平晨報劇刊一〇六，一〇七，一〇八期（二十二年一月八，十五，二十二日）

論獨幕劇　水木京太作　國喬譯　北平晨報劇刊三十，三十一期（二十年七月十九，二十六日）

現代獨幕劇與小劇場運動　周湼夫　文藝月刊一卷二期

新社戲論 Roy Mitchell作 春冰譯 戲劇雜誌二卷三，四期
按：凡介乎體育競賽與戲劇之間，可以看的表演，都叫作「社戲」。

蘇俄的兩種跳舞劇 日本昇夢曙著 晝室譯 莽原二卷五期

沙士比亞之「情劇」 Romeset Yuliette著 華林譯 新時代月刊創刊號

梅特林克的「神祕劇」 Henie Bidon著 傅雷譯 文藝月刊三卷十期

巴爾德夫斯基的「遊戲劇」說 顧仲彝 戲劇雜誌二卷二期

倍爾納與沉默派戲劇 黎烈文 小說月報二十二卷七號

未來派的戲劇 張海曙 現代學術一卷一期

3. 寫劇

作劇的基本原則 陳治策 晨星半月刊第三期

寫劇微言 愛爾蘭歐文作 辛懷譯 天津益世報戲劇與電影一至七期又十至三十期，（二十一年十一月九，十六，二十三，三十日。十二月七，十五，二十一日。二十二年一月十一，十八，二十五日。二月二，八，十五日。三月二，八，十五，二十二日。四月五，十二，十九日。五月二十四，三十一日。）

寫劇的藝術　熊佛西先生講　文學月刊一卷二期

怎樣寫劇　熊佛西　北平晨報劇刊二十六期（二十年六月二十一日）

戲曲底創造　張鳴琦　天津益世報副刊（十九年一月九，十，十三日）

戲劇作法　馬彥祥　文藝創作講座第一，二卷

戲劇家的藝術　馬修司著　陳治策譯　晨星半月刊第一至五期

劇作選題　阿契兒作　陳治策譯　晨星月刊第一期

戲劇之取材的方法論　陳楚橋　北平晨報劇刊五一，五二期（二十年十二月十三，二十日）

評「什麼是戲劇的方法」　張繼純　北平晨報劇刊一二一期（二十二年四月三十日）

論作劇　劉守鶴　劇學月刊創刊號

獨幕戲劇作法　洪琛　文藝創作講座第一卷

創作劇本的需要　熊佛西　北平晨報劇刊二八期（二十年七月五日）

葛藤（Conflict）　包乾元　北平晨報時代批評十九期（二十一年六月二十九日）（劇中的結構和穿插是需要「葛藤」的）

4. 演劇 劇團上演記附

表演藝術的基礎 Richard Boleravsky 著 余上沅譯 戲劇與文藝一卷十，十一期

表演的技術 張藍樸 戲劇與文藝一卷八，九期

表演的技術 陳治策講 涓記 北平晨報劇刊二十七期（二十年六月二十八日）

怎樣表演 熊佛西 北平晨報劇刊二十四期（二十年六月七日）

爲綜合藝術的演劇 張鳴琦 天津益世報副刊（十九年二月十四日）

爲時代精神之表現底演劇 張鳴琦 天津益世報副刊（十八年十二月十八日）

化裝 匡眞 戲劇與文藝一卷八，九期

姿態動作表情 陳治策 北平晨報劇刊一二三期（二十二年五月十四，二十一日）

發音術 陳治策 北平晨報劇刊一一六至一二一期（二十二年三月二十六日·四月九，十六，二十三，三十日）

論對話 亦華覺人譯述 北平晨報劇刊四五期（二十年十一月一日）

論舞台語 鄧承勛 北平晨報劇刊二八期（二十年七月五日）

布景的藝術　余上沅講　涓記　北平晨報劇刊二八期（二十年七月五日）

設計和幕後困難問題　林徽音　北平晨報劇刊三二期（二十年八月二日）

分幕和導演的研究　毛秋白　文藝創作講座第一，二卷

導演技術　王瑞麟　戲劇與文藝一卷七期

怎樣導演　熊佛西　北平晨報劇刊三一期（二十年七月二十六日）

如何學習表演新劇　楊光潔　民衆生活二十一期

角色與演員，　亦華覺入譯述　北平晨報劇刊八五至八八期（二十一年八月二十一，二十八日。九月四，十一日。）

演員與規律　景儁　北平晨報劇刊五期（二十年一日二十五日）

學校演劇論　陳豫源　北平晨報劇刊五八，五九，六〇期（二十一年二月十四，二十一，二十八日）

演劇說書與雜要　日川上武夫著　劉澤霄譯　民衆教育月刊三卷十期

職業的劇團　熊佛西　天津益世報副刊（十八年十一月五日）

上演「茶花女」底公開刻白　鍾辛茹　北平晨報劇刊九七期（二十一年十一月十日）

「茶花女」的幕後　余上沅　天津益世報戲劇與電影四期（二十一年十一月三十日）北平晨報學園劇刊百期（二十一年十二月二十七日）

「軟體動物」的舞台設計　余上沅　北平晨報劇刊二九期（二十年七月十二日）

「有家室的人」上演記　春冰　戲劇雜誌二卷五期

「無名戰士」上演記　春冰　戲劇雜誌二卷六期

「怒吼罷中國」上演記　予倩　戲劇雜誌二卷二期

演「怒吼罷中國」談到民衆劇　予倩　戲劇雜誌二卷二期

由「怒吼罷中國」談到「天下大事」　春冰　戲劇雜誌二卷二期

「捕鯨」的上演　村　北平晨報劇刊十五期（二十年四月五日）

評晦鳴社的話劇公演　陳治策　北平晨報劇刊八期（二十年二月十五日）

劇專公演與天津民衆　朱以霞　天津益世報戲劇專刊（十八年九月七日）

「茂娜凡娜」的上演　楊村彬　北平晨報劇刊八六期（二十一年八月二十八日）

「歐那尼」出幕的自述　病夫譯　眞美善六卷三號

5. 舞台各國劇場狀況附

戈登克雷的舞臺藝術論　趙如琳譯　戲劇雜誌二卷二期

梅伊阿特的劇場觀　謝興　戲劇與文藝一卷七期

舞臺藝術　王泊生　劇學月刊一卷二，三期

舞臺藝術論　戈登克雷著　趙如霖譯　戲劇雜誌二卷二期

舞臺設計技術　Joseph Gregot 著　桂泉譯　天津益世報戲劇與電影二十五，二十六期（二十二年四月二十六日，五月三日。）

舞臺上之清潔運動　怡翁　戲劇月刊三卷九期

舞臺裝置的主潮　鄭千里　戲劇雜誌二卷五期　內容：（一）愛披亞與戈登克雷，（二）舞臺監督的嘗試與實跡，（三）結論。

舞臺効果和音樂　和用精著　陶晶孫譯　藝術月刊創刊號

舞臺裝飾與畫家　賀孟斧　北平晨報劇刊二期（十九年十二月十八日）

歌德與劇場　楊村彬譯　北平晨報劇刊八五，八九期（二十一年八月二十一日，九月二十五日。）

各國劇場

中古時代劇場 陳治策 北平晨報劇刊四期(二十年一月十八日)

近代劇場 陳治策 北平晨報劇刊十四期(二十年三月二十九日)

現代劇場及其他 Gordon Craig作 王家齊譯 北平晨報劇刊六九號(二十一年五月八日)

元代演劇的舞臺 衞聚賢 清華文學月刊二卷一期 按：此種發現，對於宋元戲曲史之研究，當大有貢獻。該舞臺之建築，多係宋元明時代之建築物；並完好無缺，原式未變。

西洋劇場史簡略 陳治策 北平晨報劇刊一期(十九年十二月二十一日)

歐洲劇場與機器 賀孟賀 北平晨報劇刊一期(十九年十二月二十一日)

希臘劇場 陳治策 北平晨報劇刊二期(十九年十二月二十八日)

羅馬劇場 陳治策 北平晨報劇刊三期(二十年一月十一日)

依里沙白時代的劇場 陳治策 北平晨報劇刊七期(二十年二月八日)

莎士比亞的劇院與觀衆 R. C. Bradley著 愼吾譯述 天津益世報文學週刊一至三期(二十一年十一月五，十二，十九日)

英國復辟時代劇場　陳治策　北平晨報劇刊十期（二十年三月一日）
十八世紀英國劇場　陳治策　北平晨報劇刊十一期（二十年三月八日）
十九世紀英國劇場　陳治策　北平晨報劇刊十二期（二十年三月十五日）
新莎翁紀念劇院　姜公律　北平晨報學園二八七號（二十一年四月二十五日）
介紹一個英國工人劇場　榴　藝術月刊創刊號
歐戰時法國戲場　陳治策　北平晨報劇刊四二期（二十年十月十一日）
巴黎國家劇院內的印象　余世鵬　小說月刊一卷二，三期
十八世紀德意兩國戲場　陳治策　北平晨報劇刊九期（二十年二月二十二日）
論德國劇場　鄭桂泉　天津益世報戲劇與電影二十七，二十八期（二十二年五月十，十七日。）
歐戰時期的德國劇場　陳治策　北平晨報劇刊四三期（二十年十月八日）
德國自然主義時期的自由劇場　范紀曼　北平晨報劇刊三六期（二十年八月三十日）
德國的民衆劇場　島村民藏著　柯譯　北平晨報劇刊十八期（二十年四月二十六日）

文藝復興時代的意大利劇場　陳治策　北平晨報劇刊五期（二十年一月二十五日）

意大利喜劇劇場　陳治策　北平晨報劇刊六期（二十年二月一日）

美國的劇場協會　馮國英　戲劇雜誌二卷三，四期

蘇俄劇場的實際　中條百合子作　歐陽予倩譯　戲劇雜誌二卷六期

盧那卡爾斯基的劇場　Huntly Carter作　如琳蒲哲合譯　戲劇雜誌二卷五期

按：劇彼打算建築一座文化教育的劇場—專發展工人文化，及養成公民的劇場。再者這座劇場祇有工人及同情工人者，才能參加。

史丹尼司拉夫斯基的劇場　Huntly Carter作　趙如琳譯　戲劇雜誌二卷六期

梅葉荷特的劇場—即革命的劇場—　Huntly Carter作　如琳譯　戲劇雜誌二卷三，四期

加曼爾尼戲院　范紀曼　北平晨報劇刊二七期（二十年六月二十八日）

6. 戲劇與其他

戲劇與時代　葉沉　藝術月刊創刊號

內容：（一）藝術—戲劇—與詩代，（二）戲劇在現階段的中國。

戲劇和文學　亦華覺人譯述　北平晨報劇刊四〇期（二十年九月二十七日）

戲劇和小說　四子　北平晨報劇刊一期（十九年十二月二十一日）

戲劇與宗教　馬彥祥　北平晨報劇刊八三期（二十一年七月三十一日）

戲劇與民衆教育　柳存東　民衆生活十二期

戲劇與宣傳　吳士星　北平晨報劇刊二六期（二十年六月二十一日）

劇本與戲劇　向培良　秭機月刊二十五期

戲劇運動與戲劇理論　熊佛西　北平晨報劇刊七期（二十年二月八日）

社會變遷與感傷的喜劇　V. F. Caverton 原著　李霽野譯　朝華月刊二卷一，二合期
三期

「娛樂」與「戲劇」　昆岡　北平晨報劇刊五三期（二十年十二月二十七日）

戲台與戲劇　徐凌霄　戲劇月刊一卷二期

觀衆　Hubbell and Beauty 著　亦華覺人譯述　北平晨報劇刊二十三期（二十年五月三十一日）

7. 影戲

A. 概論

電影的本質的美 毛秋白 青年界二卷二號

電影的戲劇化 張季純 北平晨報劇刊六九號（二十一年五月八日）

電影藝術的前途 洛如 突進半月刊十三期

電影藝術學之史的展望 曼青 微音月刊三卷二期

電影在教育上之價值 琛 天津益世報劇影週刊（十八年四月十三日）

電影演員與舞臺經驗 明滋 天津益世報戲劇與電影八期（二十一年十二月二十八日）

電影脚本作法 孫師毅 文藝創作講座第一卷

電影生涯之三言兩語 紙張 天津益世報藝術週刊（十八年七月二十日）

有聲電影淺說 傅溥 世界雜誌二卷二期

有聲電影的「語言」問題 念艮 天津益世報戲劇與電影四期（二十一年十一月三十日。

有聲電影的前途 編者等 藝術月刊創刊號

中國電影

中國的電影　鳳城　大聲一卷二期

中國電影史的展望　漂浮　天津益世報電影與戲劇十八至二十三期（二十二年三月八，十五日。四月五，十二，十九日）

（分上下兩篇上篇：過去的趨向，下篇：現在的姿態。）

中國電影事業與鳥瞰　心冷　國聞週報八卷四十一，四十二期

中國國產影戲述聞　萍父　民衆生活二十四又二十六至二十九期

中國電影的前路　劉守鶴　劇學月刊二卷三期

國產片的前後　鄧承勛　北平晨報劇刊十六期（二十年四月十二日）

中國有聲電影的展望　徐碧波　珊瑚半月刊二卷二至七期

論國產影片　熊佛西　北平晨報劇刊十二期（二十年三月十五日）

論國片佈景　賀孟斧　北平晨報劇刊十三期（二十年三月二十二日）

對於「中國教育電影協會」的一點意見　熊佛西　北平晨報劇刊一二一期（二十二年四月三十日）

武漢電影一瞥　明滋　天津益世報戲劇與電影十五期（二十二年二月十五日）

外國影戲

介紹日本電影教育參考書目 徐公美 橄欖月刊二十五期

美國的電影文藝 晶 電影與文藝三，四期合刊

德意志的電影藝術 凌堅 東方雜誌二十九卷二號

現代德國電影概觀 Lonis Chermont 著 桂泉譯 天津益世報戲劇與電影十七期（二十二年三月二日）

蘇俄電影事業 英 電影與文藝五期

湯姆莎依兒與電影 北平晨報時代批評十九期（二十一年六月二十九日）

卓別靈（Charlce Chaplin）訪問記 Lgon Erivin Kisch 作 章鐵民譯——德人眼中的好萊塢——

卓別麟世界之巡禮 文藝新聞第二期

B.影評

藝術家態度的新星碧帝菩維絲 明澂 天津益世報電影與戲劇十三期（二十年二月二日）

中國

「自由之花」概評　憶薇　北平晨報劇刊一二四期。(二十二年五月二十一日)

也談「歌女紅牡丹」　陳豫源　北平晨報劇刊二十六期(二十年六月二十一日)

「狂流」的介紹　石仁　電影與文藝五期

評「三個摩登女性」及其他　楊村彬　北平晨報劇刊一〇八，一〇九，一一一期(二十二年一月二十二，二十九日。二月十二日。)

關於「舊時京華」　蕭乾　北平晨報劇刊六五期(二十一年四月十日)

關於「人道」　沈祖　北平晨報劇刊八八期(二十一年九月十一日)

從「三劍客的成功」說到電影也是劇　豫源　北平晨報劇刊五七，五八期(二十一年一月三十一日。二月七日。)

非綠林艷史的「一剪梅」　方英　文藝新聞二十一號

外國

「五十年後新世界」　樸一　文學雜誌一號

重觀「默示錄」四騎士所感　玉子　文藝生活第一號

評「城市之光」　楊村彬　北平晨報劇刊六〇期(二十一年二月二十八日)

看了「城市之光」以後　學易等　文藝新聞第九號

「城市之夜」簡評　憶薇　北平晨報劇刊一一○期(二十二年二月五日)

「黨人魂」在革命藝術上的評價　殷夫　文藝生活第二號

8. 中國戲劇

A. 通論

中國戲劇起源之我觀　劉大白　文學週報二三一期

中國古代社會之戲劇活動的研究　楊村彬　北平晨報劇刊九六，九九，一○一期(二十一年一月十六，二十日。十二月四日。)

中國戲劇　徐彬彬講　泊記　北平晨報劇刊二十九期(二十年七月十二日)

中國戲劇之價值　杜璟　劇學月刊一卷十二期

中國劇樂進一步的辦法　王泊生　劇學月刊創刊號

中國戲曲研究之新趨勢　傅芸子　戲劇叢刊三期

中國近代劇之演變　王泊生　天津益世報戲劇與電影七期(二十一年十二，二十一日)

中劇的第一個立場　凌霄　劇學月刊一卷三期

我之戲劇觀　程艷秋　劇學月刊創刊號

國劇之印象作用　劉澹雲　戲劇叢刊三期

改革舊戲問題　盧逮曾　獨立評論十四號

關於舊劇改良問題　高時良　藝術與教育一卷二期

戲劇在國難中　二泯　北平晨報劇刊六一，六二期(二十一年三月六，十三日)

國難期中的戲劇和電影　陳治策　北平晨報劇刊六三期(二十一年三月二十日)

B.舊戲

(1)概論—歷代的戲曲

唐宋樂曲內容考略　許之衡　北大學生一卷三期

按：本篇關於樂曲之內容，舉凡節奏板拍唱法等等之程序，敘述甚為詳盡。作者係當代詞曲大師，曾著有中國音樂小史一書，關於中國之樂曲，條分縷晰仍在樂曲史上，洵可謂一篇有價值作品。

宋元戲曲史　王國維　東方雜誌九卷十，十一號。十卷三至九號(已有單行本)

宋金元諸宮調考　鄭振鐸　文學年報一期

元曲　賀凱　中國文學史綱二編五章

明曲之流別　顧名　暨大文學院集刊第一集

明初四大傳奇　賀凱　中國文學史綱要二編六章

清代戲劇史料　逸盦　天津益世報語林（二十一年十月十五至二十日又二十二，二十九，三十，三十一日。十一月四，十四，十九，二十日。）

越縵堂日記中之清末戲劇　那廉　劇學月刊一卷三期

清商曲辭研究　張長弓　燕大月刊六卷三期

南北曲的比較　青木正兒著　殷乃譯　清華週刊三十七卷十二期

南曲之過曲　傅惜華　北平晨報藝圃（二十年一月二十二，二十三，二十九，三十，三十一日。二月一，二日。）

——南北曲組織篇之一——

南曲的乙凡　杜穎陶　劇學月刊二卷一期

北劇音韻考　穎陶　劇學月刊創刊號

雜劇的轉變　鄭振鐸　小說月報二十一卷一號

論南戲的起源　張壽林　北平華北日報徒然副刊（十八年五月二十一日）按：南戲即雜劇衰頹後南方新興之戲劇

傳奇與雜劇之解釋　徐秋生　戲劇月刊三卷九期

傳奇的繁興　鄭振鐸　小說月報二十一卷四號

崑劇雜談　許月旦　戲劇月刊三卷九，十期

崑曲史初稿　劉守鶴　劇學月刊二卷一期

崑曲之宮調，方問溪　北平晨報藝圃（二十一年二月十三，十五，十八，二十一，二十七日。三月十一，十三，十四，十七，十八，二十，二十二，二十四，二十五，二十七，二十八日。四月三，四，八，十四，十五日。）

崑曲與皮簧之板眼　方問溪　北平晨報藝圃（二十二年一月十，十七，二十四，二十五，三十一日。二月四日。）

崑曲的演變與皮黃調的繁興　青木正兒著　賀昌羣譯　朝華三卷一期

崑曲的宮調解放　劉守鶴　劇學月刊二卷二期

近百年來崑曲之消長　曹心泉述　邵茗生記　劇學月刊二卷一期

關於崑曲 樵隱 天津益世劇影週刊二，三期（十八年四月十三，二十日）

皮簧與時代 陳豫源 北平晨報劇刊六三期（二十一年三月二十日）

皮簧音韻概說 健庵 天益津世報劇影週刊（十八年四月十三，二十日。五月四，十一，十八，二十五日。六月九，十五，二十二，二十九日。七月一，六，十三，二十日。八月三，十日。）

北平皮簧戲前途之推測 周志輔 劇學月刊二卷二期

秦腔考 馬彥祥 燕京學報第十一期 內容：（一）秦腔非梆子腔，（二）秦腔為西皮腔，（三）秦腔與二簧腔之合演。

與榆生論急慢曲書 吳梅 詞學季刊創刊號

（2）專論——各種的戲曲 劇本評介附

劉知遠諸宮調考 日本青木正兒著 賀昌羣譯 國立北平圖館刊六卷四號

劉知遠諸宮調考 日本青木正兒著 悼貞譯 大陸雜誌一卷三期

「元曲選」之分類及研究 鹽谷溫作 陳楚橋譯 北平晨報劇刊二十二期（二十年五月二十五日）

「元曲」本關漢卿之反抗時代的代表作　陳竺同　婦女雜誌十六卷二號

「元曲」叙錄　賓芬　小說月報二十一卷一至十二號。二十二卷一至十號

「玉請庵錯選鴛鴦被」雜劇　豫源　北平晨晨劇刊一〇三，一〇四期（二十一年十二月十八，二十，二十五日）

「李太白匹配金錢記」雜劇　豫源　北平晨報劇刊一〇一期（二十一年十二月四日）

「李亞仙花酒曲江池」雜劇　豫源　北晨劇刊一二四期（二十二年五月二十一日）

「關大王單刀赴會」劄記　陳墨香　劇學月刊二卷一期

「楊氏女殺狗勸夫」雜劇　豫源　北平晨報劇刊一〇二期（二十一年十二月十一日）

「趙盼兒風月救風塵」雜劇　豫源　北平晨報劇刊一一三期（二十二年二月二十六日）

張協戲文中兩椿重要材料　南揚　武大文哲季刊二卷一號

「東堂老勸破家子弟」雜劇　豫源　北平晨報劇刊一一六期（二十二年三月二十六日）

「臨江驛瀟湘秋夜雨」雜劇　豫源　北平晨報劇刊一二〇期（二十二年四月二十三日）

董解元弦索「西廂記」中的兩個典故　孫楷第　國立北平圖書館館刊六卷二號

「西廂記」的本來面目是怎樣的 西諦 清華週刊三十七卷九，十期
——雍熙樂府本西廂記題記——

「西廂記」底演變 傅永孝 學風二卷十期

「西廂」藝術上之批判與其作者之性格 郭沫若 文藝論集下卷

讀「西廂記」後 劉修業 北平圖讀書月刊二卷六，七號

「桃花扇」與「長生殿」 賀凱 中國文學史綱要二編六章

「牡丹亭」劇意鱗爪 王泊生 劇學月刊二卷一期

李笠翁之戲劇研究 李滿桂 北平晨報劇刊四六至五二，又五四期（二十年十一月八，十五，二十二，二十九日。十二月五，十三，二十日。二十一年一月十日。）

李笠翁戲劇特長 李滿桂 北平晨報劇刊五五，五七期（二十一年一月十七，三十一日）

李笠翁著無聲劇即連城璧解題 孫楷第 國立北平圖書館館刊六卷一號

關於祝英台故事的戲曲 顧頡剛 錢南揚 民俗九三，九四，九五期合刊

海陸豐戲劇中之梁祝 劉萬章 民俗九三，九四，九五期合刊

舊劇史事考　瑤君　北平晨報藝圃（二十年七月二十，二十一，二十五，二十七，二十九日。八月十二，十七，十八，二十二，二十五，二十八日。）

「二進宮」　徐凌霄　劇學月刊一卷十二期

「女起解」沿革派別記　王瑤卿　陳墨香口述　邵茗生筆記　劇學月刊一卷二期。

說「女起解」　徐凌霄　劇學月刊一卷二期

說「釣金龜」並悼龔雲甫　徐凌霄　劇學月刊一卷六期

說「武家坡」「汾河灣」「秋胡戲妻」三齣相似處之分別　瑤卿　劇學月刊一卷四期

「汾河灣」之歷史的轉變　劉守鶴　劇學月刊一卷四，五，六期

「汾河灣」的一部分說明　徐凌霄　劇學月刊一卷三期

「打城隍」　徐凌霄　劇學月刊一卷十一期

「岳家莊」——舊編劇本整理之一——　徐凌霄　劇學月刊創刊號

「梅龍鎮」本事考　辰伯　清華週刊三十七卷十二期

盤絲洞劇本之研究　方問溪　北平晨報藝圃（二十年十一月十一，十四，十六，十七，十八，二十，二十三日。）

劇譚——「混元盒」之嬗變 傅惜華 北平晨報藝圃（二十年六月二十，二十二，二十六，二十七日）

「霓裳續譜」一瞥 徐玉諾 明天二卷一號

荀慧生之舊劇 九畹室主 戲劇月刊三卷八期

慧生新劇 荀慧生 戲劇月刊三卷八期

致荀慧生評「飄零淚」書 蕭標甫 劇戲月刊一卷三期

言菊朋「罵曹長亭」之簡評 禪居士 戲劇月刊三卷八期

再談言菊朋之「上天臺」 任見禪 戲劇月刊三卷八期

言菊朋與余叔岩「罵曹」之比較 笑林 戲劇月刊三卷八期

「清人雜劇」—鄭振鐸輯 開明書店版— 陳子展 青年界二卷二號

介紹「清人雜劇初集」 乃天 北平晨報學園一三二號（二十年七月十四日）

評「清人雜劇初集」 趙景琛 現代學生二卷二期

（3）劇譚（關於舊戲之扮演，脚色，曲譜，劇韵等論著。）

劇譚——扮像舊話　惜華　北平晨報藝圃（二十年六月五，七，十，十二日。）

寫實化裝藝術　王泊生　劇學月刊二卷三期

論肖眞的戲裝　徐凌霄　劇學月刊二卷三期

馬武臉譜之變遷　齊如山　戲劇叢刊一期

臉譜論釋　怡翁　戲劇月刊三卷九，十期

臉譜之研究　齊如山　戲劇叢刊一期

論面部化裝　守鶴　劇學月刊一卷三期

論務頭　潁陶　劇學月刊一卷二期

論歷年旦角成敗的原因　王瑤青　劇學月刊一卷三期

說旦　何一雁　戲劇月刊三卷十一期

說旦　陳墨香講　焦菊隱記　劇學月刊一卷四期

戲中角色舊規則　莊清逸　戲劇叢刊三期

漢劇十門脚色及各項伶工 揚鐸 劇學月刊一卷十一期

戲劇脚色名詞考 如山 戲劇叢刊一期

談昇平署外學脚色 齊如山 戲劇叢刊三期

砌末與花旦之考據 花笑 天津益世報劇影週刊(十八年六月九日)

國劇身段譜 齊如山 戲劇叢刊三期

乾隆年鈔本花蕩工尺鑼鼓身段全譜 玉霜簃藏 問棻初校 劇學月刊二卷一期

堂會打通與戲班吹臺 問溪 北平晨報藝圃(二十二年五月一日)

民間戲班打通之鑼鼓 方問溪 北平晨報藝圃(二十二年四月二十八，二十九日)

開通與打通鑼鼓之研究 問溪 北平晨報藝圃(二十二年四月十八，十九，二十一，二十二，二十五日。)

劇譚——高腔劇本提要 傅惜華 北平晨報藝圃(二十年一月六至二十一日)

玉霜簃藏曲提要 杜穎陶 劇學月刊一卷五至九期

記玉霜簃所藏鈔本戲曲 杜穎陶 劇學月刊二卷三期

劇韻新編　亶心泉　劇學月刊一卷五至十期

亂彈音韻輯要　張伯駒　戲劇叢刊三期

崑曲務頭女訣釋　劇學月刊二卷一期

北曲南唱「西廂記」曲譜　張厚載　戲劇月刊三卷十，十一期

戲文警句　如　戲劇叢刊一期

戲詞悖謬考　羽　戲劇月刊三卷九，十，十一期

戲劇詞典釋例　徐凌霄　劇學月刊一卷九至十二期

論戲劇之中州韻有統一語言之能力宜竭力保存之　如山　戲劇叢刊一期

梨園諺語　方問溪　戲劇月刊三卷十期

上李石曾先生書　張舜九　劇學月刊一卷三期
|請整理故宮博物院昇平署戲劇史料|

廣東戲劇研究所之現在與將來　戲劇雜誌二卷三，四期

里昂中法大學招待新中國首席歌劇家程硯秋記　譯自里昂進步日報　劇學月刊一卷十一期

(4)劇話

九晼室談劇　舜九，戲劇月刊三卷七期
天行室劇話　天津益世報劇影週刊（十八年六月十五日）
移風簃劇話　張蔭人　珊瑚半月刊二卷五號
墨香劇話　陳墨香　劇學月刊創刊號又一卷六期九，十，十一期。二卷二，三期
墨香談戲　陳墨香　劇學月刊一卷二期
慰秋談劇　哈慰秋　劇學月刊一卷九期
蒹葭簃談戲　張笑俠　天津益世報劇影週刊（十八年七月十三，二十日）
顧曲塵談　吳梅　小說月報五卷三至十二號（現已有單行本由商務印書館發行）
讀曲札記　豫源　北平晨報劇刊九九期（二十一年十一月二十日）
瞿安讀曲記　霜厓　珊瑚半月刊二卷一，六號
戲與技　徐凌霄　劇學月刊一卷四期

舊劇叢談　陳彥衡　戲劇月刊三卷七，九，十，十一期

碎語道黃華　梁友珍　戲劇月刊三卷十一期

歌場軼聞　三拜樓主　戲劇月刊三卷十期

菊部史料叢編　張次溪　戲劇月刊三卷十期

梨園佳話　王夢生　小說月報五卷三至十二號（有單行本）

滌菊瑣談　張筱文　戲劇月刊三卷十一期

(5)伶苑

伶史　張白雲　戲劇月刊三卷八期

伶苑　張次溪　戲劇月刊三卷七至十一期

伶工專記導言　劉守鶴　劇學月刊創刊號

讀伶瑣記　劉守鶴　劇學月刊創刊號

徐小香專記　劉曉桑　陳墨香　曹心泉　王瑤卿合作　劇學月刊一卷二期

程長庚專記 曹心泉 陳墨香 王瑤卿 劉守鶴合作 劇學月刊創刊號

譚鑫培專記 劉守鶴 劇學月刊一卷十一，十二期

胡喜祿專記 劉守鶴 劇學月刊一卷六期

王長林傳 張次溪 戲劇月刊三卷九，十期

荀慧生傳 張次溪 戲劇月刊三卷八期

荀慧生之特長 求幸福齋主人 戲劇月刊三卷八期

七年前言菊朋之回顧 採菊軒主 戲劇月刊三卷八期

言菊朋純正譚派 老拙 戲劇月刊三卷八期

言菊朋登臺雜記 俞逸芳 戲劇月刊三卷八期

談談言菊朋 聽潮 戲劇月刊三卷一期

袁寒雲之劇學 惜華 北平晨報藝圃（二十年六月十七，十九，二十九日。七月一日。）

C. 新劇

（一）概論 民衆戲劇運動附

文明戲之史的考察—白話劇　馬彥祥　天津益世報戲劇與電影二十三，二十五期（二十二年四月十九，二十六日）

內容：（一）文明戲之產生，（二）文明戲之發展的過程，（三）文明戲衰落的原因。

十年來的中國戲　姚華農　世界雜誌增刊

白話小戲劇　余上沅　獨立評論十四號

中國戲劇運動的進路　鄭伯奇　藝術月刊創刊號

內容：（一）一個時代的要求，（二）矛盾的所在，（三）舊劇的沒落，（四）文明戲的運命，（五）新戲運動的勃興，（六）運動的現狀及其苦悶，（七）我們唯一的進路，（八）現階段應有的綱領。

中國戲劇運動發展底鳥瞰　千里　北斗月刊二卷一期

中國劇運之一般問題　彥祥　萬人雜誌一卷一期

內容：（一）引言，（二）戲劇之藝術的本質，（三）戲劇的革命與革命的戲劇，（四）戲劇與民衆，（五）戲劇與政治，（六）戲劇運動的中心問題，（七）中國劇運之今後，（八）結論。

中國新劇運動的命運　顧仲彝　新月四卷一號

中國戲劇運動與戲劇系　張繼純　北平晨報劇刊一七期（二十年四月十九日）

新劇雜論　遠生輯譯　小說月報五卷一，二號

新國劇問題　杜璟　劇學月刊一卷十期

新興演劇運動的理論與實際　楊村彬　北平晨報劇刊九二期（二十一年十月九日）

舞歌與劇——怎樣改革新劇　范士奎　南開週刊一〇一期

一九二九年上海戲劇界之活動　殊君　萬人雜誌一卷一期

一九三二年活劇運動鳥瞰　奚　電影與文藝三，四期

一九三三年中國新興戲劇運動之展望　王悲蟬　新時代月刊三卷二期

中國民衆戲劇運動的出路　閻哲吾　文藝週刊第五十六期

民衆戲劇運動　陳治策　北平晨報劇刊七三期（二十一年六月五日）

到民衆戲劇運動之路　姜敬輿　文藝月刊創刊號

平教會的農民戲劇　唐琦　北平晨報劇刊七一期（二十一年五月二十二日）

農民的戲劇　戲子　北平晨報劇刊六八期（二十一年五月一日）

建設農村戲劇　蘇辛　北平晨報劇刊六八，六九期（二十一年五月一，八日。）

由「鋤頭健兒」說到農民戲劇之路　藝風　北平晨報劇刊八四期（二十一年八月十四日）

關於戲劇大衆化　藝風　北平晨報劇刊九一期（二十一年十月二日）

所謂民衆戲劇　子展　矛盾月刊二期

戲劇大衆化和大衆化戲劇　田漢　北斗二卷三，四期

戲劇怎樣走入大衆　熊佛西　北平晨報劇刊八六期（二十一年八月二十八日）

戲劇消息　尙達等　戲劇與文藝一卷七至十一期

戲劇消息　如琳　戲劇雜誌二卷五期

（2）劇評　劇本的評介附（每劇本之作者和出版均列於另行）

注音注調的「軟體動物」　趙元任　北平晨報劇刊二九期（二十年七月十二日）

「軟體動物」的公演　胡適　北平晨報劇刊三〇期（二十年七月十九日）

觀「軟體動物」後 潤叢 北平晨報劇刊三六期（二十年八月三十日）

「愛情的結晶」與現代婦女 陳豫源 北平晨報劇刊二〇期（二十年五月十日）

「愛情的結晶」在熊氏劇中之地位 季純 北平晨報劇刊二〇期（二十年五月十日）

「愛情的結晶」 王星 北平晨報劇刊六期（二十年二月一日）

「愛情的結晶」對話與性格 柏森 北平晨報劇刊二〇期（二十年五月十日）

看「茶花女」公演以後 顧一樵 北平晨報劇刊一〇一期（二十一年十二月四日）

評「茶花女」 許君遠 北平晨報學園四一七號（二十一年十一月二十二日）

——小仲馬著 劉半農譯 北平藝術劇院公演過——

「茶花女」與撒拉裴娜 包乾元 北平晨報劇刊九七期（二十一年十一月十三日）

「茶花女」落伍沒有 柏森 北平晨報劇刊九七期（二十一年十一月十日）

介紹「決戰隊」 陳豫源 北平晨報劇刊六四期（二十一年四月三日）

英人謝立夫著原名"Journey's End"一九三二年四月七，八，九，十，四晚上演於中國舞臺

論「決戰隊」 張季純 北平晨報劇刊六四期（二十一年四月三日）

熊佛西丁西林田漢的戲劇　賀凱　中國文學史綱要第三編二章

「一片愛國心」的評價　宋之的　北平晨報劇刊四八期（二十年十一月二十二日）
——「一片愛國心」是熊佛西作的劇本——

「詩人的悲劇」　李健吾　北平華北日報副刊（十九年十月三十一日）
——十月二十五日藝術學院戲劇系的公演後的批評——

「田漢戲曲集」第四集　陳子展　青年界二卷一號

田漢怎樣轉變　吳士星　北平晨報劇刊三七，三八期（二十年九月六，十三日）
——評田漢戲劇第五集上海現代書局版——

「生之意志」　張繼純　北平晨報劇刊七九期（二十一年七月十七日）
——田漢作一幕劇——

「湖上的悲劇」　張繼純　北平晨報劇刊七六期（二十一年六月二十六日）
——田漢作一幕劇——

「名優之死」　張繼純　北平晨報劇刊七二，七四期（二十一年五月二十九日。六月十二日）
——三幕劇，田漢作——

「西林獨幕劇」　張繼純　北平晨報劇刊四二，四四，四五，四六期（二十年十月十一，二十五日。十一月一，八日，）
——丁西林著　新月書店版——

「西林獨幕劇」評　待桁　文藝月刊三卷五，六期合刊

「一陣狂風」張繼純 北平晨報劇刊一四期（二十年三月二十九日）

——楊会深著 三幕四場劇 光華版——

「亞細亞的暴風雨」文藝新聞六號

「暴風雨」中的七個女性 吳溆予 彗星半月刊一卷一期

「怒吼罷中國」何子恒 戲劇雜誌二卷二期

有兩種譯本：（一）陳匀水編譯，（二）葉沉編譯。

「怒吼罷中國」孫師毅談 文藝新聞第四，五，六號

悲劇的人生 謝有開 讀書月刊二卷四，五合期

——讀了結婚集以後——

關於「父歸」王瑞麟 戲劇與文藝一卷八，九期

「學校劇本」第一集 余南秋評 圖書評論一卷五期

——顧仲彝編的劇本 開明書店印行——

讀陳楚淮的「金絲籠」倩分 文藝戰線二十期

評錢杏邨的「歡樂的舞蹈」華西里 文藝戰線二十三期

——一篇的獨幕劇 現代書局出版——

以下多採取史料爲題材的戲劇

「荊軻」北平圖讀書月刊一卷七號 書報介紹欄

——顧一樵的劇本 通信處南京大石橋三十五號——

「荆軻」劇本的意義　渠入彥祥的通訊　天津益世報戲劇與電影十期（二十二年一月十一日）

「岳飛」及其他　現代二卷二期——顧一樵的劇本　新月版——

「岳飛」讚　趙瓔　天津益世報戲劇與電影十二期（二十二年一月二十五日）

「烏鵲雙飛」張繼純評　北平晨報劇刊二十一，二十二，二十三期（二十年五月十九，二十六，三十一日）

——七幕劇　吳研因編　商務版——

「孔雀東南飛」浩文評　新月三卷十二期書報春秋欄——袁昌英的劇本　商務出版——

「廣寒宮」及其它　張繼純評　北平晨報劇刊四〇期（二十年九月二十七日）——郭沫若著　內容有童話劇一篇　詩劇一篇——

「卓文君」張繼純評　北平晨報劇刊三二期（二十年八月二日）——郭沫若著　一幕三景劇　光華版——

「王昭君」張繼純評　北平晨報劇刊二八期（二十年七月五日）——郭沫若著　三幕劇　光華版——

「貂蟬」張繼純評　北平晨報劇刊三期（二十年一月十一日）——六幕場　王獨清著　上海江南書店版——

「楊貴妃之死」北平晨報劇刊二期（十九年十二月十八日）——王獨清的劇本　創造社版——

「楊貴妃之死」中的楊貴妃　亞夤　中國新書月報一卷二號

「潘金蓮」張繼純　北平晨報劇刊五期（二十年一月二十五日）

——歐陽予倩著　五幕劇　新東方書店版——

「棄婦」張繼純　北平晨報劇刊八四，八五期（二十一年八月十四，二十八日）

——侯曜作　五幕劇——

D.地方戲劇

西京的戲劇　蘇辛　北平晨報劇刊九三期（二十一年十月十六日）

西北劇運之活動　豫源　北平晨報劇刊九三期（二十一年十月十六日（

首都之皮簧戲　姚澤森　戲劇月刊三卷九期

舊都劇曲變遷概略　春明舊主　天津益世報劇影週刊（十八年四月十三，二十，二十七日。五月四，十一，十八日。）

杭州戲劇雜曲記　邵茗生　劇學月刊創刊號

粤劇例戲內容之排演　胡吉甫　民俗七七期

楚劇初錄——漢口流行的花鼓戲　瑰卿　天津益世報戲劇與電影二十，二十一期（二十二年三月二十二日。四月五日）

福州皮簧戲之沿革　楊聞悸　戲劇月刊三卷十一期

定縣的戲劇　陳豫源記　北平晨報劇刊一〇五期（二十二年一月一日）

定縣的摩登戲劇　蹇動丁　北平晨報劇刊七一期（二十一年五月二十二日）

最近半年來漢皐劇事之變遷　徐昧蒓　戲劇月刊三卷九，十期

最近西安之戲劇　陳光垚　劇學月刊一卷十二期

鄉村戲班　張繼純　北平晨報劇刊一一三，一一四，一一五期（二十二年二月二十六日。三月十二，十九日。）

談談鄉村戲　肇洛　北平晨報劇刊九三，九四期（二十一年十月十六，二十三日）

9 外國戲劇

A. 概論——各國劇壇的狀況

東方各國

日本戲劇概況（日）水木京太作　楚橋譯　北平晨報劇刊三九期（二十年九月二十

日本戲劇界的最近概觀　葉沉　藝術月刊創刊號

從譯劇的演法說到日本的劇藝　泊生　劇學月刊一卷六期

印度的戲劇　許地山　北平晨報劇刊三〇期（二十年七月十九日）

新猶太的戲劇　楊鎭華譯　世界雜誌一卷五期

歐美各國

希臘的悲劇　德安斯羅爾博士Dr. Hans Rohl著　楊丙辰譯　北平華北日報副刊（十八年二月一，三，四，六，八日）

希臘的戲劇　馬彥祥　北平晨報劇刊八三期（二十一年八月七日）

歐美各國戲劇的新趨勢　夏子聰　劇學月刊一卷十一期

近代英美戲劇上道德革命　張沅長　武大文哲季刊二卷一號

英國代表劇　瑪修士　黎得合著　章叢蕪譯　文藝月刊第二卷十期

現代英國戲劇　石質譯　天津益世報戲劇與電影六，七，八期（二十一年十二月十五，二十，二十八日）

最近愛爾蘭劇壇　老馬　世界雜誌一卷三期

美國的眞正悲劇　陳笑峯　北斗月刊第四期

美國劇業托拉斯的崩潰——笑峯亂彈之六——　蕭乾　北平晨報劇刊一〇四期（二十一年十二月二十五日）

美國的劇場協會　馮國英　戲劇雜誌二卷三，四期合刊

紐約劇場協會的組織　中川龍一著　村彬譯　北平晨報劇刊三四期（二十年八月十六日）

一九三〇年之美國戲劇協會　如琳　戲劇雜誌二卷六期

法國近代劇概觀　R. Leuvisohn 著　馬彥祥譯　文藝月刊三卷八至十一期

今日的法蘭西戲劇運動　許德佑　小說月報二十二卷十二號

蘇俄的戲劇　熊澤復六著　甄乃力譯　北平晨報劇刊一一五期（二十二年三月十九，二十六日）

俄羅斯戲劇的起原與變遷及其主要作家　俄國克魯泡特金著　侍桁譯　北平華北日報副刊（十八年七月十三，十四，十七，二十一，二十二日。）

內容：牠的起原—愛萊紀司皇帝與彼得一世沙瑪羅克夫—偽古典的悲劇—克娜施任奧柴羅夫—最初之喜劇—十九世紀之開始哥利包葉道夫—一九〇五年之莫斯科劇場奧斯超夫基：他的第一篇劇—「雷雨」—奧斯超耶夫斯基之晚年劇作—歷史劇—阿凱托爾斯泰—其他之劇作家。

俄國劇場的變革　R.　現代小說三卷一期（本文係節錄美國工人日報。）

匈牙利的戲劇與戲劇家　匈 Adam de Hegedüs 作　春冰譯　戲劇雜誌二卷二期

匈牙利的戲劇與戲劇家　寒光譯　戲劇雜誌二卷二期

戲劇家的（Chaos）—楊村彬　北平晨報劇刊十三期（二十年三月二十二日）
—談因大戰及革命而產生的德國表現派—
黑人戲劇中底民族意識之表現　楊昌溪　橄欖月刊二十六期
易卜生的戲劇藝術　陳西瀅　武大文哲季刊一卷一期

B.專論—外國作家所寫的戲劇　劇本評介附（劇本之作者和出版處均見另列一行）

莎士比亞（William Shakepere）英人生于（1564—1616）
莎士比亞在十八世紀　梁實秋　天津益世報文學週刊十二，十三，十四期（二十二年一月二十一，二十八日。二月四日。）
莎氏比亞戀愛的面面觀　邢鵬舉　新月月刊三卷三號
莎士比亞的「哈夢萊脫」　史晚青　文藝創作講座第二卷
翻譯莎士比亞　余上沅　新月月刊三卷五，六期
莎翁名著「哈姆雷特」的兩種譯本—梁實秋　圖書評論一卷二期
（一）邵挺譯名「天仇記」商務版收入萬有文庫。（二）田漢譯名「哈孟雷特」中華書局版—
「哈姆雷特」問題之研究　梁實秋　天津益世報文學週報二十一，二十二期（二十二年四月十五，二十二日，）

——「哈姆雷特」約作於一六〇〇年間的英國劇本——

霍爾華綏的戲劇　天津益世報戲劇與電影十四，十五期（二十二年二月八，十五日）霍爾華綏（J. Galsworthy）英人生于（1867—1933）

加斯渥綏的「法網」　許君遠　北平晨報時代批評五期（二十一年三月二十三日）
按：「法網」係英J. Galsworthy著曾經郭沫若漢譯

論蕭伯訥的戲劇　天狼　新壘月刊一卷三期

關於喬治蕭伯訥底戲劇　傅雷　藝術二月號
蕭伯納（G. B. Shaw）英人生于1856

評高瓦特近著　駿祥　北平晨報劇刊九九期（二十一年十一月二十日）
按：即Ned Coword的"Caralcade,"未有漢譯

哥德的「浮士德」　山岸光宣作　史俊宣譯　北新半月刊四卷八期
哥德（W. V. Goethe）德人生于1749—1832「浮士」德曾由郭沫若漢譯其上半部

哥德的「浮士德」　徐仲年　大陸雜誌一卷三期

論歌德的代表作——「浮士德」與「少年維持之煩惱」　L. Averbach作　士人譯　現代出版界八期

「浮士德」之研究　景儒　北平晨報劇刊十二至十八期（二十年三月十五，二十二，二十九日。四月十二，十九，二十六日。五月三日。）

活動人的悲劇——「浮士德」　厚生譯　北平晨報學園二七〇，二七一號（二十一年三月二十六，二十七日）

—從哲學的觀點觀察歌德—

關於理克兒特「浮士德」之批判 程衡 北平晨報學園二七一號（二十一年三月二十七日）

易卜生戲劇綜論 林曉初 劇學月刊一卷十，十一期
易卜生（H. Ibsen）挪威人生于1828—1906

易卜生的「羣鬼」 陳治策 睿湖第二期
漢譯有潘家洵的「易卜生戲劇集」商務出版

論「羣鬼」 熊佛西 天津益世報副刊（十八年十二月二十四日）

看了「羣鬼」以後 秋水 天津益世報副刊（十九年一月二日）

讀了「娜拉」劇之後 鄭瑛 北平益世報草蟲旬刊二十三期

「娜拉」與「娃茜莉沙」 武者 明天三卷一，二號
—對於伊卜生主義的清算，并論及今後中國婦女的必然出路。—

「包多麗許」(George de Porto-Riche)研究 岸田國士作 歐陽予倩譯 戲劇雜誌二卷二期

「歐那尼」研究 盧白譯 眞美善六卷三號

舞臺上的「馬特迦」 馬彥祥 文藝新聞第二期

「茂娜凡娜」—西諦　文學週報一九七期
—此係梅特林克的劇本—

中譯希臘悲劇——「被幽囚的普羅密修士」—大公報文學副刊二百四十七期（二十一年九月二十六日）
—楊晦譯　人文書店版—

「委曲求全」—現代二卷二期　書評欄
—英王文顯著　李健吾譯　人文書店版—

奧尼爾的戲劇—黃英　青年界二卷一號
—美O'neill著　古有成譯　總名「加力比斯之月」商務出版—

評歐尼爾的一個新劇本　駿祥　北平晨報劇刊九四，九五，九六期（二十一年十月二十三，三十日。十一月六日。）
— Eugene O'neill Mourning Becomer Electra —

介紹「迷眼的沙子」—朱東圖　中國新書月報二卷四五號
—法臘皮盧著　趙少侯譯　新月書店出版—

讀「往星中」—李笛晨　莽原第十三期
—往星中　俄安得列夫的劇本—

給那五位先生—巴雷著　熊式一譯　小說月報二十二卷二號
—一篇潘伯得的獻詞—

對於顧譯獨幕劇選中的幾個疑點　方光燾　圖書評論一卷五期
該集由北新書局發行

六、小說

1. 通論

小說論 法國伊可維支著 毛一波譯 新時代月刊一卷二期

小說的圖解 賀玉波 讀書月刊二卷四，五合期

小說的觀察點 趙景深 中學生月刊十一號

小說背景概論 毛騰 矛盾月刊發動號

論小說 J. B. Hubbell著 馬彥祥譯 天津益世報文學週刊十八，十九期（二十二年三月十一，十八日）

關於小說的話 郁達夫 文藝創作講座第一卷

佛斯特小說雜論 吳宓譯 學衡七十期

東方西方與小說 美國勃克著 小延譯 現代二卷五期

現代學生與現代小說 余慕陶 現代學生二卷一號

2. 各種小說

怎樣讀小說 殷作楨 讀書月刊二卷四，五合期

中世紀最美的羅曼故事　小泉八雲著　綬昌譯　北平華北日報副刊（十八年二月二十四，二十五，二十七日）
從恐佈派到寫實派的英國的小說　英葛斯著　韋叢蕪譯　天津益世報副刊（十八年十二月三十一日。十九年一月一日。）
短篇小說論　馬仲殊　文藝創作講座第二卷
短篇小說的探討　孔均　文藝戰線二十三期
短篇小說的人物　趙景深　中學生七號
短篇小說的歷史　橄欖月刊二十九期
戰爭小說論　孫席珍　文藝創作講座第一卷
戰爭小說論　朱仲璟　文藝新聞十九號
歷史小說論　菊池寬　文藝創作講座第一卷
歷史小說新論　陳鐵光　海濱文藝創刊號
評幾篇歷史小說　張平　現代文學評論一卷三期
大衆小說論　查理斯　當代文藝二卷二期

3.小說作法

小說作法 高明 文藝創作講座第一卷

小說作法 高明 文藝創作講座第二卷

小說創作論 謝六逸 文藝創作講座第一卷

小說的創作 仲雲譯 文學週報一九二，一九三期

小說裏的景物 舍予 齊大月刊二卷一期

短篇小說的構造法 余南秋 當代文藝一卷五期

我們爲何和如何寫小說 莫盧華講演 李冬辰譯 新月四卷五期

柴霍甫著作中永恒的要質 S. Rouslelet作 林如稷譯 北平華北日報副刊（十九年十二月二十二日）

莫泊桑之研究 法羅蘭（J.Rolland著） 李長山譯 北平華北日報副刊（十九年一月九，十一，十二日）

按：這篇完全是論莫泊桑小說的藝術。

新興小說的創作理論 日本片岡鐵兵作 謝六逸譯 現代文學一卷二至五期

4. 中國小說

A. 通論

小說考證　蔣瑞藻　東方雜誌八卷一至四號

小說瑣徵　中書君　清華週刊三七四卷四期

小說考徵，恨水北平晨報藝圃（二十年二月十，十六，二十三日。三月五，七，九，十一，十五，十八，二十三，二十六，三十一日。四月四，七，十八，二十三，二十九日。六月十，十七，二十四日。七月一，七，十七，二十五日。八月四，十四，二十五日。）

小說隨筆　俞平伯　東方雜誌二十九卷七號

小說新潮欄宣言　小說月報十一卷一號

中國小說研究　朱悱初　金陵女子文理學院二十一年校刊

中國小說之起源　恨水　天津益世報語林（二十一年十月二十，二十一，二十二日。）

中國小說的起源及其演變　胡寄塵　珊瑚半月刊二卷一至五號

中國古代小說的國際關係　胡懷琛　世界雜誌一卷四期。二卷四期

中國長篇小說的特色 陳穆如 當代文藝二卷一期

歷代小說叙略

唐人小說在文學上之地位 汪辟疆先生講演 南昌章播筆記 讀書雜誌一卷三號

茸芷繚衡室隨筆 平伯 清華刊三十六卷七期

內容：（一）從唐佛經衍至寶卷，（二）宋人話本衍爲散文白話小說。

從變文到彈詞 汪偉 民鋒半月刊三期

彈詞文章 魏紹謙 北平晨報學園八二，八三，八四號（二十年四月二十三，二十四，二十五日）

宋人話本 鄭振鐸 中學生月刊十一號

論元刋全相平話五種 西諦 北斗創刊號

按：所謂五種計有（一）武王伐紂書，（二）樂毅圖齊七國春秋後集，（三）秦併六國秦始皇傳，（四）呂后斬韓信前漢書續集，（五）三國志。

明清底小說傳奇及詩文 陳鴻文 浙江大學文理科年刊第二期 —中國文學史作業程序之一記略—

明清二代的平話集 鄭振鐸 小說月報二十二卷七，八號

評話研究　陳汝衡　史學雜誌二卷五，六合期

現代小說所經過的路　郁達夫　現代一卷二期

論中國創作小說　沈從文　文藝月刊二卷四號五，六號合刊

B.專論

（1）舊小說

虞初小說回目考釋　韓叔信　史學年報第三期

中國通俗小說提要　孫楷第　國立北平圖館刊五卷五號

小說十種　畢樹棠　清華週刊三十三卷九期（關於舊小說十種出處和版本的考証）

敦煌叢抄　國立北平圖館刊六卷二號

敦煌叢抄（變文）　向達輯抄　國立北平圖館刊五卷六號

關於「唐三藏取經詩話」　魯迅　中學生月刊十二號

「三言二拍」源流考　孫楷第　國立北平圖館刊五卷二號

「東京夢華錄」所載說話人的姓名問題 平伯 清華中國文學會月刊一卷一期

夏二銘與「野叟曝言」 孫楷第 大公報文副一百六十五期（二十年三月九日）

讀「游仙窟」 起明 燕京大學圖報第二十一期 末有馬鑑附識

「水滸」與「金瓶梅」 賀凱 中國文學史綱要二編六章

「水滸傳」諸本 神山閏次著 張梓生譯 小說月報二十一卷五號

「水滸傳」板本錄 趙孝孟 讀書月刊一卷十一號

在日本東京所見之明本「水滸傳」 孫楷第 學文第五期

「水滸傳」七十回古本問題 文華 猛進三十三，三十四期

「水滸傳」宋江平方臘考 余嘉錫 清華週刊三十七卷九，十期

胡適「水滸傳後考」質疑 朱希祖 天津益世報學術週刊（十八年一月七日）

「金瓶梅」 三行 睿湖第二期

清明上河圖與「金瓶梅」的故事及其衍變 辰伯 清華週刊三十六卷四，五號合刊

清明上河圖與「金瓶梅」的故事及其衍變補記　辰伯　清華週刊三十七卷九，十期合刊

「紅樓夢」與「儒林外史」　賀凱　中國文學史綱要二編六章

「紅樓夢」新評　佩之　小說月報十一卷六，七號

「紅樓夢」結構研究　曾虛白　青鶴雜誌一卷四期

「紅樓夢」裏性慾的描寫　劉大杰　藝林十八，十九期

關於「紅樓夢」　樵隱　天津益世報益智欄（十八年一月二十，二十二日）

「蘭墅文存」與「石頭記」　奉寬　北大學生一卷四期

按：高蘭墅名鶚，內務府鑲黃旗漢軍人。著有「蘭墅文存」與「蘭墅十藝鈔」稿本合一册，卷末有「紅樓外史」長方鈐記，並卷首在薛玉堂題辭中有「不數石頭記能收焦尾琴」之句，故本篇作者認為「紅樓夢」雖不全為高氏所作，而其中亦有一部為高氏所補。

關於「女兒國」的考證　張若谷　文學週報二二八期

關於「兒女英雄傳」　孫楷第　國立北平圖館刊四卷六號

「白蛇傳」考證　秦女　凌雲　中法大學月刊二卷三，四期合刊

「珍珠塔」各本異同考 淩景埏 珊瑚半月刊二卷二號

「綠野仙」踪的作者 辰伯 清華週刊三十六卷十一期

連環圖畫小說 茅盾 文學月報五，六號合刊

讀「醒世姻緣傳」 周振甫 天津益世報文學週刊十七期（二十二年三月四日）
內容：（一）醒世姻緣作者問題，（二）醒世姻緣的價值，
（三）婚姻問題。

讀「唐人小說」——任美鍔 中國新書月報一卷六，七號合刊
汪辟疆編 神州國光社版——

讀「剪燈新話」以後 華狷公 中國新書月報一卷九號

談談「剪燈新話」「剪燈餘話」合刊本 農泉 中國新書月報一卷十，十一號合刊
由華通書局出版

（2）新小說作品之評介附（每篇之作者和出版處均見另列一行）

幾部長篇小說的讀後感 纘武 草蟲旬刊三十四，三十七期
內容：係近於批評的文字，小說計有「新時代」「嗤笑
因緣」「隱刑」等。

「西遊補」——蠡 戲劇與文藝一卷八，九期
董若雨著 劉半農校點 北新書局出版——

評所謂「西行艷異記」楊仲華　新亞細亞一卷五期

評張恨水「啼笑因緣」民猷　大公報文學副刊二百零八期（二十一年一月四日）

「啼笑因緣」的解剖　毛一波　文藝新聞四號

「啼笑因緣」的魅力——巴爾　文藝新聞第六號
對於毛一波君的解剖的商榷——

對於「恨海」的審評　于錦章　天津益世報益智粽（十八年七月二十四，二十五日）
按：「恨海」係吳沃堯（即我佛山人）所著小說

「玉君」讀後感　連上福　采社雜誌第六期
「玉君」楊振聲著　樸社出版

「友情」——楊昌溪　現代文學一卷五期
章衣萍著　北新書局——

介紹果夫先生的「窗帘」倩　「兮」　文藝戰線十一期
「窗帘」是小說戲曲的合集

「跋涉的人們」——桐華　現代文學創刊號
李守章作　短篇小說四篇　北新書局出版——

「鳳仙姑娘」——張季平　現代文學評論一卷二期
孫席珍作　現代書局出版——

關於「都市之夜」及其他——錢杏邨　拓荒者一卷二期
「都市之夜」係戴平萬作　亞東書局出版——

譯過山城的「旗聲」　諦山　文藝新聞十六，十九號
「旗聲」係林疑今的小說

讀「倪煥之」茅盾　文學週報八卷二十號
「倪煥之」係葉紹鈞的小說

讀「除夕及其他」丁文　北平華北日報副刊（十九年二月三，四日）

讀了「地之子中」的兒子後　陶凱孫　北平華北日報「跡」副刊（十八年二月二十八日）

讀「一個青年的夢」李長植　北平華北日報副刊（十八年六月十四日）

讀了健吾君底「鑢子」金十　中國新書月報二卷二，三號

讀「一個兵和他的老婆」先艾　北平華北日報副刊（十八年八月十七日）
「一個兵和他的老婆」係李健吾君的小說。

讀張鏡寰先生的「最後的犧牲」後　孝方　文藝戰線第十六期

評張鏡寰「最後的犧牲」華西里　文藝戰線一卷二十七期

評陳銓「天問」溜子　文藝雜誌一卷二期
「天問」新月書店出版，是一部長篇小說。

評「昨日之花」周樂山　現代學生一卷十期
「昨日之花」係劉大杰的小說集，上海北新書局出版。

評「梔子花球」周樂山　讀書月刊二卷四，五合期
「梔子花球」係趙景琛所著小說集。

評「逃犯」的被捉　祝三　文藝戰線第二期

「逃犯」惹下禍水　張少峯　文藝戰線第十四期

第三者對于「逃犯的被捉」的批評　孔繁男　文藝戰線第八期

評中魂大佛二部作品　華西里　文藝戰線第十五期
—「毀滅」「荒原」—

評蒯斯曛的「凄咽」　華西里　文藝戰線一卷二十五期
—「凄咽」由泰東書局出版—

評許躋青先生的「海夜上」　華西里思　文藝戰線十八期

評「光明在我們的前面」　華西里　文藝戰線第十七期
—「光明在我們的前面」是胡也頻的小說是一部談主義的小說，以五三十慘案，作穿插。

讀「光明在我們的前面」　秀中　新地月刊六期

評張少峯君的三部作　倩兮　文藝戰線第六期
—計有「鬼影」，「枯塚」，「脚印」等三種　震東書局出版—

少峯先生三部作品的總評　邵白　文藝戰線一卷三十一期

讀「鬼影」後的批評　黑之球　文藝戰線一卷二十四期

「脚印」中的三篇傑作　杜肖然　文藝戰線第五期

反駁「無光的實鑑」兼打癩狗——李仲恒評張少峯先生的小說「脚印」—— 文藝戰線第八期

評黎錦明的「烈文」 華西里 文藝戰線一卷二十八期 由開明書店出版

論何家槐的小說 趙景深 讀書月刊二卷四，五合期

「家庭故事」——鄭振鐸所著的小說—— 北平圖讀書月刊一卷八號書報介紹欄

評魯迅的「吶喊」 華西里 文藝戰線二十期

「示衆」底描寫方式 許欽文 讀書月刊二卷四，五合期 「示衆」係魯迅「彷徨」中的一篇小說。

「兩地書」 大公報文學副刊二百七十九期（二十二年五月八日）——係魯迅與景宋的通信上海青光書局印行——

茅盾創作的考察 賀玉波 讀書月刊二卷一期

論茅盾的「三人行」 禾金 中國新書月報二卷二期 開明書店刊行

讀「三人行」 蘇汶 現代雜誌一卷一期

談談「三人行」 易嘉 現代雜誌一卷一期

評茅盾「子夜」 吳組湘 文藝月報創刊號

「子夜」在社會史的價値　談生　新壘月刊五號

茅盾的近作——大公報文學副刊二百六十四期（二十二年一月二十三日）「三人行」開明書店印行，「路」光華書局印行——

「路」不通行　秀峯　中國新書月報二卷八號

「路」　現代一卷四期書評欄

茅盾的「春蠶」　朱明　現代出版界八期——「春蠶」曾刊登現代二卷一期

評「跳躍着的人們」　華亞里　文藝戰線第四期「跳躍着的人們」係張資平的小說

張資平的戀愛小說概觀　黃煥文　燕大月刊八卷二，三期

「脫了軌道的星球」　北平圖書月刊二卷二號書報介紹欄——張資平的小說——

「羣星亂飛之月旦」　䛷　中國新書月報一卷十，十一號合刊——張資平的小說——

巴金與其「死去的太陽及其他」　鄺崇業　中國新書月報一卷九號

巴金的「復仇」　現代一卷五期書評欄——「復仇」由新中國書店出版

作者自剖——對於「復仇」批評的辯白　巴金　現代一卷六期

讀郁達夫的「薇蕨集」—由北新書局出版— 浩文 新月三卷八期書報春秋欄

「她是一個弱女子」—郁達夫著 湖風書局版— 現代一卷四期

「衝出雲圍的月亮」—蔣光慈作 長篇小說 北新書局出版— 蘇讀餘 現代文學創刊號書評欄

「田野的風」—蔣光慈的小說 湖風書局版— 現代一卷四期書評欄

「橋」—廢名著 開明書店版— 現代一卷四期書評欄

「少女的追求」讀後話—傷晉豪著 北新書局出版— 金思鳴 中華新書月報一卷十二號

理思中之「理想的婦人」—南佳編 北新書局出版— 方叔良 中國新書月報一卷六，七期合刊

「浮沉」—王余杞著 星雲書店出版— 西夷 北平晨報學園四九四號（二十二年四月二十五日）

「歸心」（日記式小品文）—解人著 新月書店代售— 大公報文學副刊二百六十六期（二十二年二月六日）

「滬戰中的日獄」—李浴日著 神州國光社版— 易 北平圖讀書月刊二卷六號

新人張天翼的作品 李易水 北斗創刊號

張天翼的兵士小說和童話 梁新橋 現代出版界七期

關於穆時英的創作　杜衡　現代出版界九期

穆時英的「上海狐步舞」　劉微塵　現代出版界七期（曾刊登現代二卷一期）

「石秀」　長之　北平晨報學園一二六號（二十年七月四日）
—登小說報月二十二卷二月號—

施蟄存「將軍的頭」　現代一卷五期書評欄
由新中國出版

灰色與「灰色牛」　彭子蘊　新壘文藝月刊四月號
「灰色牛」曾分期刊登新壘月刊的小說

評北斗上的「豆腐阿姐」　華西里　文藝戰線二十一期

關於「總退却」和「豆腐阿姐」　丹仁　北斗月刊二卷二期
按這兩篇小說都在北斗上發表

讀羅正晫君娼姐　健和　清華週刊三十四卷八期
「娼姐」刊登清華週刊

讀「流亡歸家」及「轉變」　梁新橋　現代出版界八期、
二書洪靈菲作　「流亡歸家」由現代書局印行　「轉變」
由亞東圖印行

讀葉靈鳳「曇花庵的春風」　宮越健太郎　陳眞譯自支那語二月號　現代出版界十
一期

讀十字架後　獨生　橄欖月刊二十四期
「十字架」曾刊登橄欖月刊二十三期

讀萬曼的「調弄」　明宇　文藝戰線二十二期
「調弄」刊登於文藝月刊三卷二期

創作月評　沈端先　北斗二卷三，四合期

創作月評　錢杏邨　拓荒者一卷二期

下爲女作家之作品

「素箋」　湯增敭　當代文藝一卷六期
——陸晶清著　神州國光社出版（內容是十個書箋的集合體）——

陸晶清女士的「素箋」讀後　柳曼華　中國新書月報一卷九號

讀「素箋」　趙蔭棠　北平晨報學園四號（十九年十二月二十二日）

淩叔華女士的小說　費鑑照　旁觀旬刊十五期

關於白薇的「鶯」　天虛　新地月刊四，五期合刊

「歸雁」　湯增敭　當代文藝一卷四期
——廬隱女士著　神州國光社出版（日記體的小說）——

讀完「歸雁」的感懷　涓公　中國新書月報一卷五號

「雲鷗情書集」　湯增敭　當代文藝一卷五期
——廬隱　惟建合著　神州國光社出版——

關於新的小說的誕生——評丁玲的「水」——丹仁　北斗月刊二卷一期

「韋護」的轉變　郝寶璋　中國新書月報一卷十二號

「韋護」　丁玲著　新月書店出版

「前路」——謝冰瑩著　光明版——現代二卷二期

5，外國小說

A.通論

歐美小說叢談　孫毓修　小說月報五卷九至十二號

歐戰後歐美小說概況　抱珊　國聞週報九卷十八期

讀歐美小說劄記　孫毓修　東方雜誌六年一期

英美小說之過去與現在　John Corruthers 著　趙景深譯　現代文學評論一卷二期

英美小說之現在與將來　趙景深　現代文學評論一卷三期

二十世紀美國小說　鄭桂泉編譯　文藝戰線四十七號

劉易士的小說　柯爾特著　趙景深譯　小說月報二十二卷七號

劉易士（S. Lewis）美國人生于（1885—1933）

亨利詹姆士底小說　由之　矛盾月刊三，四期合刊
亨詹姆（H. Tames）美國人生于1843—1916

法國小說發達史略　山田九朗著　汪馥泉　文藝月刊三卷十期

法國今日的小說　病夫　眞美善六卷一號

法國現實自然派小說　張我軍譯　讀書雜誌三卷二期

最近法國的小說　翟桓　小說月報十一卷七號

論巴爾札克的短篇小說　F. Brunetière著　白宁譯　北平華北日報副刊（十九年十一月二十八，二十九日）
—英譯巴爾札克短篇小說集序—

優絲曼逆行的概梗和猶躭的意義　蕭石君　文藝月刊三號
按：「逆行」爲優絲曼所著小說。

德國現代小說的諸似向　高橋健著　劉石克譯　新壘月刊四，五號

德國短命女作家碧蘿芙的小說　德巴特斯著　段可情譯　現代文學評論創刊號
碧蘿芙生于（1860—1884）

漫談「維特」和「浮士德」偉大的性格之反映　長之　北平晨報學園二七一，二七二號（二十一年三月二十七日）

俄國小說中之俄人特性　菲爾陂斯著　杜俊東譯　北平華北日報副刊（十八年十月三，四，五，十二，十三日。）

（此篇係菲氏論俄國小說家一書的第一章）

尾格涅夫的短篇小說　孤懺　微音月一卷六，七期

屠格涅夫（T. S. Turgenev）俄人生于1818—1883

瑞典小說概觀　Honna Astruplarsen 著　楊鎮華譯　世界雜誌一卷二期

現代那威小說　葉靈鳳　現代文學評論一卷二期

H. Barbusse的作品考　沈起予　北斗創刊號

最近幾本描寫戰爭的書　Clennell Wilkinson 著　毛國琦譯　南開週刊九十二期

B.作品之評介

日本

最近出版的兩部日本小說　康嗣羣　現代小說一卷六期

（一）是張我軍譯的葉山嘉樹的「賣淫婦」（二）是錢歌川譯的江口渙的「戀愛與牢獄」

小林多喜二的「一九二八，三，一五」　沈端先　拓荒者一卷二期

描摹盡致的「都會的憂鬱」　裕常　中國新書月報一卷八號。

「都市的憂鬱」係日人佐藤春夫所著，

又是個對於「都會的憂鬱」的同情者　周樂山　中國新書月報一卷九號

讀「現代日本短篇小說集」　談鎬生　中學生三十一號

德

論歌德「少年維持之煩惱」　G. Brandes著　方天白譯　讀書雜誌二卷四期
曾由郭沫若漢譯

論歌德的代表作「浮士德」及「少年維持之煩惱」　L. Auerbuch作　士人譯　現代出版界八期

歌德的「威墨木・麥斯特」　邢桐華　南大週刊一三七，一三八合刊

讀「茵夢湖有感」　農泉　中華新書月報一卷八號
—郭沫若譯　光華書局出版—

雷翁杜岱四部奇著的批評　病夫譯　眞美善六卷二期

兩部巨著的消息　文藝新聞第三期
—雷馬克的「西線」「何日歸來」—

「西線無戰事」　周伯涵　現代文學一卷二期
—德國雷馬克作　洪琛馬彥祥譯　長篇小說　平等書店出版—

「西線歸來」的翻譯　方芥生　北斗月刊第三期
按：係指摘楊昌溪林疑今翻譯的荒謬。關於「西線歸來」的著作計有七種的譯本。

Der Weg Zuruck中譯本評價　許席珍　中國新書月報二卷二期
按：雷馬克著有「西線無戰事」「歸來」等小說

「評西線無戰事」　德國拉狄克作　關數實譯　北國月刊創刊號

借題談談　常芝青　文藝戰線第十期
—讀了雷馬克二部作品的問題—

雷馬克的二部作品問題　王以仁　文藝戰線第八期

讀完「燕語」後的印象　王先獻　中國新書月報二卷二，三期合刊
—「燕語」係德國Theodst Sterm著　朱偰譯　開明書店出版

詩般美妙的「燕語」　王章　中國新書月報二卷四，五期

美

辛克萊的「潦倒的作家」　祝秀俠　拓荒者一卷二期
辛克萊（S. Lewis）美國人（1885—1933）

辛克萊的「油」　葉靈鳳　現代小說三卷一期
「油」已由易坎人翻成中文　光華書局出版　全兩冊

關於「煤油」之批評　趙眞　中國新書月報二卷六號

劉易士傑著「大街」　國聞週報八卷二十七期
「大街」已由宗白華漢譯

「密探」—辛克萊著　包乾元　北平晨報時代批評十五，十六期（二十一年六月一，八日。）
陶晶孫譯　北新書局版—

勃克夫人新著小說「諸子」大公報文學副刊二百八十一期（二十二年五月二十二日）「諸子」原名"Son"美國John Day書店出版，係一本描寫中國民情的小說

英

史蒂文生名著「寶島」的中文譯本 范存忠 圖書評論一卷二期 —顧均正譯 開明書店發行—

逃走了的雄鷄 浩文 新月月刊三卷十期 係英國H. Lawrence著 原名"The Hscaped Coch"

勞倫斯最後的小說 華侃 世界雜誌一卷二期 該集名"The Virgin and the Gipsy"倫敦Martin Secher書店出版

何能忘情乎「舊歡」 孤家 中國新書月報一卷四號 「舊歡」已由伍光建漢譯 華通書局出版

讀完哈代短篇小說選以後的幾句話 俞斯錦 中國新書月報一卷十，十一號合刊 —顧仲彝譯 開明書店出版—哈代（Thomas Hardy）生于一八四〇

「狹路冤家」 北平圖讀書月刊一卷三號 書報介紹欄 —英庖密力布倫忒著 伍光建譯 上海華通書局版—

法

布綸忒和她的「狹路冤家」 許珍儒 中國新書月報一卷九號

小物件與Alphonse Dandet　金輪　中國新書月報二卷一號　「小物件」爲法Alpnone Dandet所著

「梅立克小說集」　黃英　青年界二卷一號　—L. Merrick著陳西瀅譯　商務印書館出版—

七零八落的「夢」與「放逐」　夢仙　中國新書月報一卷六，七期合刊　係盧騷之"Les Reveies d'um Promeneur"（閒散老人之夢）暨俄之"Tendant l'Exil"（放逐）張競生譯　世界書局版

俄

「魯森堡之一夜」　趙少侯　圖書評論一卷五期　—鄭伯奇譯　中華書局印行—

讀奇書「半處女」以後的話　米米生　中國新書月報一卷八號　「半處女」由孔憲鑑譯　華通書局出版

「父與子」及其漢譯　許君遠　北平晨報時代批評三期二十一年三月九日　「父與子」係屠格涅夫著　耿濟之譯　商務版

托思退夫斯基的「白癡」　J. Middleton Murry著　盈昂譯　文藝月刊三卷七期

對於托爾斯泰的「復活」的解釋　小泉八雲講　有熊譯　北平華北日報副刊（十八年六月二十九，三十日）

—譯自"Life and Literature"—

「活屍」的死　劉大杰　現代學生一卷二期　「活屍」（The Life Curpse）和「復活」（Resurrection）均爲托爾斯泰的

傑作。本篇係一種雜感文。

「含淚的微笑」—關於柴霍甫著作的評判— 鐵歌川 現代文學創刊號

什麼是「亞蒲洛摩夫」式的生活 杜布柔留薄夫著 程鶴西譯 小說月報二十一卷八號

按：亞蒲洛摩夫（Oblomov）是俄國龔察洛夫（Gontcharov）作的一部小說。書中主人翁就叫這個名。

關於「紅笑」 鶴西 北平華北日報副刊（十八年四月十五，十九日）

法兒耶夫底小說「潰滅」 藏原惟人作 洛陽譯 萌芽月刊第二期

按：「潰滅」係俄國法兒耶夫的小說，由魯迅從日譯本重譯，陸續在萌芽月刊上發表。本文係一九二八年三月「前衛」所載，今從藝術與無產階級中譯出。

高爾基將完成的三部曲 東序 東方雜誌二十八卷十六號

總名「克林山芬的一生」（The Life of Clim Sanghim）（一）旁觀者（Bystander）中國有譯本（二）磁石（The Magnet）（三）在刊行中

高爾基的「母親」—沈端先譯— 念蓀 清華週刊三十七卷三期

「山寧」—俄阿戚巴綏夫著 伍光建譯 華通書局發行— 甦生 中國新書月報創刊號

妙哉「士敏土」中譯本的錯誤 柯爾達 中國新書月報二卷六號

「士敏工」係Gladkov著 由蔡詠裳董紹明合譯啟

智書局出版

「士敏土」　史黛麗　民衆生活三十三期

黛莎與格利　吳春晗　現代學生一卷四期

按：黛莎與格利爲「士敏土」中之男女二主人公。

其他各國

「餓」與哈姆生　現代文學評論一卷二期

哈姆生挪威人，「餓」其小說　章鐵民譯　水沫書店出版

讀「十日談」後　郭曼鶴　中國新書月報二卷二三號

「十日談」係意大利薄伽丘著　黃石　胡簪雲合譯　開明書店出版

七、神話童話故事

1. 神話

神話的世界　郭沫若　文藝論集下卷

神話與民間故事的倫理價值　葛理格司著　林漢達節譯　世界雜誌二卷二期

原文見 Griggs Moral Education Chap. XXI The Ethical

Value of Mythology and Folklore

希臘羅馬神話與傳說中的英雄傳說　西諦　小說月報二十一卷一至十二號・二十二卷一至六號

希臘神話史　蔡威廉譯　亞波羅六期

中國的淘金傳說與希臘神話　徐勻　民俗一〇三期

關於波里尼西亞神話　秋子女士譯　民衆教育季刊三卷一號

奧定的神話　謝六逸譯　民衆教育季刊三卷一號

埃及的太陽故事　徐仲年　藝風一卷一期

中國的神話

中國關於植物的神話傳說　黃石　青年界二卷二號

關於中國的植物起源神話　鐘敬文　民衆教育季刊三卷一號

山海經神話研究的討論及其他　鐘敬文　民俗九二期

穆天子傳研究　衛聚賢　國立中山大學語言歷史學研究所週刊百期紀念號

答茅盾先生關於楚辭神話的討論　鍾敬文　民俗八六至八九期合刊
再論紫姑神話　黄石　民衆教育季刊三卷一號
揚子江氾濫及洪水的傳說　德佑　東方雜誌二十九卷二號
神仙故事之特點　黄翼　民衆教育季刊三卷一號

2. 童話

兒童文學之管見　郭沫若　文藝論集下卷
兒童讀書的探討　張匡　世界雜誌二卷二期
安徒生的童話生活　顧均正　中學生七號
童話學　趙景深　文藝創作講座第一，二卷
童話概論　楊昌溪　文藝創作講座第一卷
童話作法之研究　朱文印　婦女雜誌十七卷十號
童話教材的商榷　魏冰心　世界雜誌二卷二期

吁齋童話　天徒　小說月報五卷五至九號

貝洛爾的「鵝媽媽的故事」　清水　民俗七五期

歌德及其童話　長之　清華週刊三十七卷六期

格列姆兄弟傳—論童話及童話之研究—　俀爾加斯特著　魏以新譯　小說月報二十二卷六號

「木偶奇遇記」—徐調孚譯—　授衣　長星半月刊第三期　曾分期刊登小說月報二十卷—

讀「木偶奇遇記」後　祖同　中國新書月報二卷七號

「續木偶奇遇記」—Angelo Patri 著　徐亞倩譯　兒童書局出版—　高望天　中國新書月報二卷八號

讀趙景深的童話論文　江紹原　現代文學一卷三期

談「玫瑰與指環」—薩克萊著　顧均正譯—　奚行　中國新書月報一卷八號

兩個美妙的故事集「一個吹簫人」「一個仙蟹」—商務出版　米星如編—　金十　中國新書月報一卷十，十一號合刊

3. 故事

西王母的傳說　吳晗　清華週刊三十七卷一期

西王母與牛郎織女的故事　辰伯　文學月刊三卷一期

王昭君的故事在中國文學上的演變　霍世休　清華中國文學月刊一卷四期

王昭君故事演變之點點滴滴　張壽林　文學年報一期

昭君故事及關於昭君之文學　黃鴻翔　廈門大學學報一卷二期

「西遊記」玄奘弟子故事之演變　陳寅恪　國立中央研究院歷史語言研究所集刊第二本第二分

內容：係考核「猪八戒高老莊招親」之故事及其演變，均與印度佛典有關，以「賢愚經記」說一切有部毘奈耶雜事，慈恩法師爲根本，

大鵬傳說考　山下寅次　學衡一卷三期

釣金龜故事溯原　孫楷第　圖書館學季刊五卷一，二期

關於龍的傳說　黃石　青年界一卷二期

美太公的故事　楊文蔚　民俗一〇一期

鬼谷子的故事　葉鏡銘　民俗九二期

西陲木簡中的田章 容肇祖 嶺南學報二卷三期

趙匡胤的故事 張立吾 民俗一〇三期

朱元璋與楊公 清水 民俗一〇三期

韓朋故事 錢南揚 民衆教育季刊三卷一號

中國民間故事試探 鐘敬文 民衆教育季刊二卷三號

民間故事分析的幾種方法 顧正均 清水 民俗一〇二期

民間故事的巧合與轉變 鄭振鐸 矛盾月刊二期

中國的天鵝處女故事 鐘敬文 民衆教育季刊三卷一號

蛇郎故事的試探 鐘敬文 青年界二卷一號

嶺東客族人民來源的傳說 李次民 民俗一〇一期

奧南民間故事集 清水 民俗一〇二期

瓊崖民間傳說裡頭的名人逸事 黃有琚 民俗一〇一期

梁祝故事的吹求　陳光垚　北平晨報學園一四二號（二十年七月三十一日）

梁祝故事的討論　謝興堯　北平晨報學園一四八號（二十年八月十三日）

梁祝故事的討論　陳光垚　北平晨報學園一五一號（二十年八月十八日）

再論梁祝故事　謝興堯　北平晨報學園一七一，一七三號（二十年九月二十四，二十八日）

梁祝故事的傳說　謝興堯　北平晨報學園三四三號（二十一年七月二十九日）

梁祝故事的研究　謝興堯　北平晨報學園三三六至三四一號（二十一年七月二十一，二十二，二十五，二十六，二十七日。）

梁祝故事的戲劇及歌謠　謝興堯　北平晨報學園三八九號（二十一年十月二日）

梁祝故事中的存疑　謝興堯　北平晨報學園三九〇號（二十一年十月七日）

梁祝故事的影響　謝興堯　北平晨報學園三九〇號（二十一年十月六日）

再論梁祝故事　陳光垚　北平晨報學園二九六至二九九號（二十一年五月十二，十三，十六，十七日。）

梁山伯與祝英台　袁洪銘　民俗九三，四，五期合刊

祝英台非上虞人考　謝雲聲　民俗九三，四，五，期合刊

祝英台與秦雪梅　黃樸　民俗九三，四，五，期合刊

祝英台的歌　沅君　民俗九三，四，五，期合刊

祝英台唱本敍錄　錢南揚　民俗九三，四，五期合刊

祝英台故事敍論　錢南揚　民俗九三，四，五期合刊

祝英台故事集序　容肇祖　民俗九三，四，五期合刊

清水縣志中的祝英台故事　馬太玄　民俗九三，四，五期合刊

宜興志乘中的祝英台故事　馬太玄　民俗九三，四，五期合刊

閩南傳說的梁山伯與祝英台　謝雲聲　民俗九三，四，五期合刊

「華山畿」與「祝英台」　顧頡剛　民俗九十三，四，五期合刊

寧波歷代志乘中之祝英台故事　馮貞羣　民俗九三，四，五合刊

寧波梁祝廟墓的現狀　錢南揚　民俗九三，四，五期合刊

詞曲中的祝英台牌名　錢南揚　民俗九三，四，五期合刊

關於梁祝故事　郭堅　民俗一〇八期

關於收集祝英臺故事的材料和徵求　錢南揚　民俗九二期

獸婚故事與圖騰　趙景深　民衆教育季刊三卷一號

孟加拉民間故事研究　許地山　民俗一〇九號

瑞典故事抄　楊鎮華譯　世界雜誌二卷四期

八、新聞雜誌和小品文

1. 新聞雜誌

新聞的起源及其經營的進化　袁殊　中學生二十五號

新聞文學作法　黃天鵬　文藝創作講座第一卷

關於新聞學集的一篇緣起　中國新書月報一卷五號

釋新聞　袁殊　微音月刊二卷五期

華北新聞紙鳥瞰　辛人　突進半月刊四期

二十年度新刊中國期刊調查表 陳麗泉 中華圖協會會報七卷四期

雜誌編輯法 陳眞 現代出版界九期

中國雜誌史簡述 邢雲霖 文華圖書科季刊三卷一期

談談署名 訪秋 北平新晨報副刊(十八年十一月二十三日)

按：內容係談關於歷代文人署名的問題

2. 小品文

談談小品文 其无 朝華月刊一卷六期

小品文作法 馮三昧 文藝創作講座第一卷

小品文漫談 葉靈鳳 文藝創作講座第一卷

文學論文索引續篇

下編　各國文學家傳略

一、中國文學家

1.評傳

歷代文學家

司馬遷傳　汪定　清華週刊三十四卷一期

字子長，夏陽人，生於漢武帝時（公元前一四五至八六）

班固誕生一千九百年紀念　楊樹達　大公報文學副刊二百二十九期（二十一年五月二十三日）

內容：班固所據史料考，（一）本之父業，（二）本之劉向歆父子，（三）本之馮商，（四）本之楊雄，（五）本之馮衍，（六）本之韋融，（七）餘論（國生自公元三二至九二）

曹氏父子　賀凱　中國文學史綱要二編二章

曹操與其子曹丕，曹植。

三曹　張孝友　勵學第二期

曹植杜甫誕生紀念　彥威　大公報文學副刊第二百十五期（二十一年二月二十二日）

曹植生活史 季仰南 采社雜誌第六期

曹植字子建沛國譙人，生於魏建安間，(公元一九二至二三二)

建安七子 賀凱 中國文學史綱要二編二章

——王粲，孔融，陳琳，阮瑀，應瑒，劉楨，徐幹爲魏時建安七子——。

陸機年表 朱東潤 武大文哲季刊一卷一期

陸機字士衡吳郡人，生於西晉太康間(公元二六一至三〇三)

歌詠農村生的詩人陶潛 賀凱 中國文學史綱要二編三章

淵明名潛，一字元亮，潯陽柴桑人，生於東晉末。(公元三六五至四二七)

陶淵明的孤獨 俞人元 協大學術第二期

鮑明遠年譜 繆鉞 文學月刊三卷一期

鮑照字明遠東海人，生於齊梁之間。(公元四二一至四六五。)

沈約年譜 伍俶 中山大學文史研究所輯刊一卷一冊

沈約字休文，吳興武康人，生於齊梁間(公元四四一至五一三)

蕭梁父子與陳後主 賀凱 中國文學史綱要二編三章

梁武帝蕭衍字叔達。(公元四六四至五四九)長子蕭統字德施。(五〇一至五三一)三子蕭綱後嗣位爲簡文帝。(五〇三至五五一)陳後主叔寶，字元季。(五五三至六〇四)

永明竟陵八友之一——謝朓 許安本 國學叢刊一卷三期

永明之際文士多集於竟陵，時蕭衍，王融，謝朓，任昉，沈約，陸倕，范雲，蕭綱等是爲竟陵八友。

梁昭明太子年譜　周貞亮　武大文哲季刊二卷一號
即梁武帝之長子名蕭統

徐陵年譜　牛夕　清華週刊三十八卷二期
徐陵字孝穆，東海郯人，生於梁陳間（公元五〇七至五八三）

初唐四傑　賀凱　中國文學史綱要二編四章
王勃，楊炯，盧照鄰，駱賓王是爲初唐四傑。

王子安年譜　劉汝霖　師大月刊第二期
王勃字子安，絳州龍門人，生於唐高宗永徽元年（公元六五〇）卒於上元二年（六七五）

張說一千二百年忌　陳子展　現代文學一卷六期
張說字道濟，一字說之，洛陽人，生於唐武后玄宗開元間。（公元六六七至七三〇）

詩人李白　羅夫　南開雙週一卷一期
白字太白，隴西成紀人，生於唐天寶開元間。（公元七〇一至七六二）

李白　吳汝濱　文藝雜誌第一，第二期

浪漫詩人李白　崔憲家　師大國學叢刊一卷三期

浪漫主義的詩人李白　崔憲家　國學叢刊一卷三期

大詩人李白的生活　汪炳焜　學生雜誌十六卷十一號

李白在海上　丁文　北平華北日報副刊（十九年十二月二十一日）

李白個性的遺傳及其兒童期生活　樓啓愉　學生文藝叢刊七卷二期

人生派詩人杜甫　賀凱　中國文學史綱要二編四章　杜甫字子美，京兆人，生於盛唐。（公元七一二至七七〇）

杜工部年表及杜詩年表　因　文學叢刊第一集

杜工部年表初稿　楊益恒　文學叢刊第一集

少陵先生年譜會箋　聞一多　武大文哲季刊一卷一至四號

儲光義之人生觀—唐代田園詩人儲光羲之第二章—　繆文遠　無錫國專學生自治會季刊第一期　（儲光羲兗州人。生於唐開元間）

自然派詩人王孟　賀凱　中國文學史綱要二編四章　王維字摩詰，河東人，生於盛唐（公元六九九至七五九）孟浩然襄陽人（六八九至七四〇）

白居易與元稹　賀凱　中國文學史綱要二編四章　白居易字樂天，號香山居士，太原人，生於中唐，（公元七七二至八四六）元稹字微之，河南人。與白約同時，（七七九至八三一）

沒落貴族的詩人李長吉 致平 文學雜誌一號

李賀字長吉，隴西成紀人，生於唐元和會昌間。（公元七九〇至八一六）

李商隱與溫庭筠 賀凱 中國文學史綱要二編西章

李商隱字義山，懷山河內人，生於晚唐，（公元八一三至八五八）溫庭筠字飛卿，太原人。與李約同時。

幾個晚唐時期的浪漫詩人及其作品 壽棣 浙江大學文理科年刊第二期

韓白論 周蔭棠 金陵學報一卷一期

內容：（一）引言，（二）韓白的文學淵源，（三）韓白的個性和人格，（四）韓白對於文學的觀念（五）韓白的作品，（六）韓白的影響，（七）結論。

韓愈李翺與佛教之關係 吳恩裕 清華週刊三十八卷七，八期合刊

（一）引子，（二）韓愈之排佛，（三）李翺之排佛見解，（四）李翺學說之淵源，（五）復性立之內容，（六）結語。

劉知幾之平生 傅振倫 學文一卷四期

——劉子玄先生年譜後記——（徐州彭城人，生于唐龍翔開元間，（公元六六一至一七三）

李後主評傳 郭德浩 文學年報一期

李煜字重光，爲五代南唐主。（公元九六三至九七八）

宋朝詩人　賀凱　中國文學史綱要二編五章
北宋有蘇軾，黃庭堅等。南宋有陸游，楊萬里等。

中國大文豪蘇東坡的生平及其作品　聶吾　海濱文藝創刊號
蘇軾字子瞻，眉山人，生于北宋（公元一〇三六至一一〇一）

張子野年譜　夏承燾　詞學季刊創刊號
張先字子野，吳興人。生於北宋（公元九九〇至一〇七八）

柳永生卒考　儲皖峯　國立浙江大學季刊一卷一期
柳永初名三變，字耆卿，北宋人。（按：作者斷定詞人生年不能出太宗至道元年前後五年以內；卒年亦不能出神宗元豐二年以前十年之內。）

宋詞人柳永生年的推測　儲皖峯　微音月刊二卷七，八期合刊

陸放翁評傳　蔡堉杰　南開週刊八九，九〇期
陸游字務觀，號放翁，越州山陰人，生於南宋。（一一二五至一二一〇）

愛國詩人陸放翁　許采章　北大學生週刊二卷二期

辛棄疾　吳世昌　新月月刊三卷八，九期
棄疾字幼安，號稼軒，山東歷城人，生於南宋（公元一一四〇至一二〇七）

曲客傳 郭紹虞 天津益世報副刊（十九年四月十七日）

按：所謂曲客係元代之戲曲家

白仁甫年譜 蘇明仁 文學年報一期

白樸字仁甫，眞定人，元戲曲家。

羅貫中 鄭振鐸 青年界一卷一期

羅本字貫中，約生於元末明初。

高啓與劉基 賀凱 中國文學史綱要二編六章

高啓字季迪，長洲人，自號青邱子，生於元末明初。（公元一三三六至一三七一）劉基字伯溫，與高約同時（公元一三一一至一三七五）

袁中郎評傳 任維焜 師大月刊第二期

袁宏道字中郎號石公，湖北人，生於明隆慶萬歷間。（公元一五六八至一六一〇）

袁中郎評傳 任維焜 師大國學叢刊一卷三期

內容：（一）公安派的文學主張，（二）中郎的小品文，（三）公安派與英國十八世紀浪漫派之比較觀。

唐六如評傳 附年譜 覺風 清華週刊三十八卷四期

內容：（一）總論，（二）六如生平行述，（三）六如的詩，（四）六如詩中的思想，（五）六如的詞曲與賦，（六）六如的畫，（七）結論。

唐寅字伯虎，一字子畏，號六如居士，吳縣人，生於明成化正德間。（公元一四七〇至一五二三）

明馮夢龍生平及著作續考　容肇祖　嶺南學報二卷三期

馮夢龍字猶龍，一字耳猶，吳縣人，生於明末。（公元一五七四至一六四六）

辨僞舉例——蒲松齡的生年考　胡適　新月四卷一號

末的結論是蒲松齡生於崇禎庚辰（一六四〇，死於康熙乙未（一七一五）享年七十六歲）

錢謙益與吳梅村　賀凱　中國文學史綱要二編六章

錢謙益字受之，號牧齋，常熟人（公元一五八二至一六六四）吳偉業字駿公，號梅村，太倉人（公元一六〇九至一六七一）兩人皆生於明末清初以屈志降清抑鬱以終。

吳梅村評傳　黨蘊秀　勵學第三期

詩史吳梅村　談生　新壘月刊創刊號

愛國詩人錢謙益　許釆章　北大學生週刊二卷一期

金聖嘆及其文學評論　隋樹森　國聞週報九卷二十四，二十五，二十六期

內容：（一）引言，（二）小傳，（三）聖嘆之文學批評，（四）聖嘆評釋，（五）餘論，（六）結論。

朱笥河先生年譜　王蘭蔭　師大月刊第二期

朱筠字竹君，號笥河，順天大興人，生於清雍正七年。（一

七二九）卒於乾隆四十六年（一七八一）

方望溪先生傳 馬其昶 民彝雜誌一卷二期
按：方先生諱苞，字靈皋，號望溪。安徽桐城人，其所作古文辭，為有清二百餘年之冠。生于清康熙乾隆間（公元一六六八至一七四九）

包慎伯先生年譜傳 胡韞玉 國學叢選第一，二，集合刊又第三，四集
包世臣字慎伯涇縣人，生于清乾隆咸豐間（公元一七七五至一八五五）

姚惜抱先生傳 馬其昶 民彝雜誌一卷五期
按：姚先生諱鼐字姬傳，一字夢穀，名其軒曰惜抱軒，故學者稱之曰惜抱先生。以善為古文辭名天下，繼桐城方劉二君之業，延古文一脈之傳。生于清雍正嘉慶間（公元一七三一至一八一五）

姚叔節墓誌銘 馬其昶 民彝雜誌一卷七期
按：姚先生諱永概，字叔節，係桐城後人，有文名。生清末（公元一八六六至一九二三）

清代兩個大輯佚書家評傳 王重民 輔仁學誌三卷一期

清季四大詞人 龍沐勛 暨大文學院集刊第一集
（一）王鵬運，（二）文廷式，（三）鄭文焯，（四）况周頤。

納蘭性德傳 羅曼思 天津益世報副刊（十八年十二月二十五，二十六，二十七，三十，三十一日）

按：納蘭性德係清季詞人，滿洲旗籍。著有「飲水」「側帽」等詞集。（公元一六五五至一六八五）

納蘭成德傳　張蔭　學衡十七期

龔自珍誕生百四十年紀念　張蔭麟　大公報文學副刊二百六十期（二十一年十二月二十六日）

自珍字定菴，浙江仁和人，生於乾隆五十七年，歿於道光二十一年。（公元一七九二至一八四一）

吳摯父蕭敬孚二先生傳　馬其昶　民彝雜誌一卷七期

按：吳先生諱汝綸，字摯父。蕭先生諱穆，字敬甫，一字敬孚，兩先生均以古文辭擅名。

方氏三詩人傳　馬其昶　民彝雜誌一卷十二期

按：三先生（一）諱文，字爾止，號明農，一號嵞山；（一）諱貞觀，字履安，號南堂；（一）諱世擧，字扶南，號息翁。

詩人黃遵憲　賀凱　中國文學史綱要第三編一章

黃字公度，廣東嘉應州人，生於清道光二十八年（一八四八）卒於光緒三十一年（一九〇五）

、女作家

李易安居士評傳　腐安　采社雜誌第六期

李清照自號易安居士，濟南人，生於北宋元豐四年（公元一

宋代無名女詞人 淑芳女士 新時代月刊四卷一期

清代女詞人顧太清 雪林女士 婦女雜誌十七卷七號

字子春生于清嘉慶四年（公元一七九九）

B.現代文學家評傳

康有爲與梁啓超 賀凱 中國文學史綱要第三編一章

康字長素號更生，廣東南海人。梁字卓如，號任公，廣東新會人。

嚴復林紓的翻譯文章 賀凱 中國文學史綱要第三編一章

嚴字幾道，福建侯官人。（公元一八五三至一九二一）

林紓字琴南，福建閩侯人。（一八五二至一九二四）

章炳麟 賀凱 中國文學史綱要第三編一章

炳麟字太炎，浙江餘杭人。

陳獨秀與胡適 賀凱 中國文學史綱要第三編二章

現代作家素描 江兼霞 現代文藝一卷二期

現代中國作家傳略 凌根 讀書月刊二卷四，五合期

（周作人等）

上海作家　岳林　小說月刊一卷二期

作家素描　美子　天津益世報語林（二十一年十二月二十四日）

作家印象記　犂茜　月刊一卷二期
按：係趙景深，崔美秋，華林等

三位典型作家的批判　錢杏邨　現代小說三卷二期

重訂蘇曼殊年表　柳亞子　文藝雜誌一卷二期
按：曼殊年譜曾在「語絲」上發表過，並有單行本出版。

蘇曼殊略傳　柳子亞　文藝茶話一卷四期

徐志摩論　茅盾　現代二卷四期

茅盾的徐志摩論——一個批評方法的討論　程慎吾　天津益世報文學週刊十六期（二十二年二月二十五日）

徐志摩先生的自畫像　錢杏邨　現代中國文學作家第二卷

徐志摩的詩　賀凱　中國文學史綱要第三編二章

論志摩　吳世昌　北平晨報學園二三九，二四〇號（二十一年一月二十八，二十九日）

大詩人——天才——徐志摩——和他的朋友們　楊丙辰　大公報文學副刊二百零九期（二十一年一月十一日）

答楊丙辰君　韓文佑　北平晨報學園二七四號（二十一年三月三十一日）

答楊丙辰先生　吳世昌　北平晨報學園二七五號（二十一年四月一日）

讀楊丙辰先生在百科學會講演辭　韓文佑　大公報文學副刊二百十一期（二十一年一月二十五日）

論詩人徐志摩　張露薇　大公報文學副刊第二百十五期（二十一年二月二十二日）（對於楊，韓，吳，唐諸君，的文章之批評，並敬告大公報文學副刊編輯先生。）

藥——答吳世昌君——　楊丙辰　鞭策週刊一卷二，三，四期

好玩底解釋　楊丙辰　鞭策週刊一卷一期（本篇係批評徐志摩的論文之一）

我所見的魯迅與豈明兩先生　霜峯　北平新晨報副刊（十九年五月）

周作人的趣味文學　賀凱　中國文學史綱要第三編二章

苦雨齋談話記——豈明先生的談話——　病高　北國月刊一卷三期

我觀魯迅　舒月　現代出版界七期　原名周樹人魯迅乃其筆名，浙江紹興府人生于一八八一

魯迅訪問記　張永年　文藝月報創刊號

魯迅的思想及其創作　賀凱　中國文學史綱要第三編二章

徐祖正先生訪問記　病高　北國月刊一卷三期

評長虹的「蔣光慈與沈矛盾」　任維焜　晨星半月刊第七期

光慈的晚年　郁達夫　現代三卷三期

蔣光慈的革命文學　賀凱　中國文學史綱要第三編二章

茅盾評傳　現代的評傳　原名沈雁冰，茅盾乃其筆名。

茅盾與現實　錢杏邨　現代中國文學作家第二卷

茅盾的三部曲　賀凱　中國文學史綱要第三編二章

郭沫若評傳　現代的評傳　亦別署名易坎人　四川人

郭沫若的詩　賀凱　中國文學史綱要第三編二章

郁達夫評傳　現代的評傳　浙江富陽人

郁達夫的頹廢文學　賀凱　中國文學史綱要第三編二章

郁達夫印象記 匡亞明 讀書月刊二卷三期

張資平評傳 現代的評傳

張資平的戀愛小說 錢杏邨 現代中國文學作家第二卷

張資平的戀愛小說 賀凱 中國文學史綱要第三編二章

葉紹鈞訪問記 賀玉波 讀書月刊二卷三期

葉紹鈞的寫實主義 賀凱 中國文學史綱要第三編二章

葉紹鈞的創作的考察 錢杏邨 現代中國文學作家第二卷

沈從文印像記——作家素描之一—— 王以仁 文藝戰線第五期

論沈從文 呂慈 濁流第三期

王獨清——現代中國作家素描之一—— 遊生 讀書月刊二卷四，五合期

王獨清印象記 李白英 讀書月刊二卷三期

夏丏尊訪問記 賀玉波 讀書月刊二卷三期

袁殊來訪問記　鴨　文藝新聞三期

帶着濃厚的自然主義氣味的農民作家魏金枝　梁新橋　現代出版界七期

論施蟄存與羅黑芷　沈從文　現代學生一卷二期

洪深論　馬彥祥　讀書月刊二卷二期
——現代戲劇家之一——

演藝術教育的熊佛西　心田　文藝戰線第八期

最近逝世的梁遇春　侍桁　現代二卷三期
遇春字秋心，福建閩侯人

白屋詩人吳芳吉逝世　大公報文學副刊二百二十九，二百三十，二百三十一期（二十一年五月二十三，三十日。六月六日。）

吳芳吉別傳　劉咸炘　大公報文學副刊二百五十一期（二十一年十月二十四日）
芳吉字碧柳，別號白屋，四川江津縣人，生光緒二十二年，（一八九六）死於民國二十一年

劉咸炘君鑑泉逝世　盧前冀　大公報文學副刊二百五十六期（二十一年十一月二十九日）
鑑泉諱咸炘，別號有齋，四川雙流縣人。

女作家

現代中國的幾個女作者　趙奇　清華中國文學會月刊一卷四期
內容：作者所曾提到的作家有冰心，廬隱，叔華，綠漪，沅君，丁玲等六人

幾位當代中國女小說家　毅眞　婦女雜誌十六卷七號

中國女詩人—序中國女子詩選黃鶴—　曾仲鳴　南華文藝一卷七，八合刊

謝冰心　黃英　現代中國女作家
原名謝婉瑩，福建人。

冰心女士　賀凱　中國文學史綱要第三編二章

歌頌母愛的冰心女士　賀玉波　中國現代女作家

始終沒有走出象牙塔的謝冰心　草野　現代中國女作家

感傷派女作家黃廬隱　草野　現代中國女作家

廬隱　黃英　現代中國女作家
原名黃英，福建人

廬隱女士及其作品　賀玉波　中國現代女作家

凌淑華　黃英　現代中國女作家

酒後作者淑華女士　賀玉波　中國現代女作家

白薇　黃英　現代中國女作家

白薇女士「在愛網中」　賀玉波　中國現代女作家

綠漪　黃英　現代中國女作家

自然的女兒綠漪女士　賀玉波　中國現代女作家

綠漪女士及其作品　草野　現代中國女作家

馮沅君　黃英　現代中國女作家　原名馮叔蘭，河南人。

母愛情人愛悲劇的作者沅君女士　賀玉波　中國現代女作家

反抗時代的馮沅君及其作品　草野　現代中國女作家

衡哲女士的「小雨點」　賀玉波　中國現代女作家

陳衡哲　黃英　現代中國女作家

評學昭女士的「南風的夢」　賀玉波　中國現代女作家

沉櫻女士的戀愛小說 賀玉波 中國現代女作家

丁玲女士論評 賀玉波 中國現代女作家
原姓蔣名煒文，一字彬之，丁從母姓。

丁玲 黃英 現代中國女作家

坐有女作家交椅的丁玲女士及其作品 穆修 燕大月刊八卷二期

坐有女作家交椅的丁玲女士及其作品 草野 現代中國女作家

袁昌英 黃英 現代中國女作家

謝冰瑩與Amazon 多島 新地月刊第二，三期合刊

2.紀念和追悼的文字

悼王靜安先生 顧頡剛 文學週報五卷第一，二號合刊

追憶王靜安先生 徐中舒 文學週報五卷一，二合刊

追悼一個文字學的革命者——王靜安先生 周予同 文學週報五卷一，二號合刊

紀念梁任公先生 冰森 北平晨報學園二三〇號（二十一年一月十九日）

紀念梁任公先生　闞玉衡　北平晨報學園二三一號（二十一年一月二十一日）

紀念幾位今年逝去的友人　西諦　清華文學月刊第二卷，一，二期

按：所紀念之友人計有胡也頻，洛生，徐志摩。

紀念徐志摩先生　余冠英　清華文學月刊二卷一期

紀念志摩　陳夢家　新月四卷五期

哭摩　小曼　新月四卷一號

哭志摩　吳世昌　北平晨報學園哀悼志摩專號（二十年十二月十一日）

悼志摩　林徽音　北平晨報學園哀悼志摩專號（二十年十二月七日）

悼志摩　恒　北平晨報學園哀悼志摩專號（二十年十二月九日）

悼志摩　西諦　北平晨報學園哀悼志摩專號（二十年十二月八日）

悼徐志摩　翟永坤　北平晨報學園哀悼志摩專號（二十年十二月十四日）

悼徐志摩先生　華西里　文藝戰線第十三期

—文壇上大犧牲—

悼志摩先生　儲安平　新月四卷一號

悼詩人徐志摩 訪秋 北平益世報草蟲旬刊二十四期

追悼志摩 胡適之 北平晨報學園四一六號（二十一年十一月十九日） 新月四卷一號

追悼志摩 劉廷芳 北平晨報學園哀悼志摩專號（二十年十二月十一日）

追懷志摩 張壽林 北平晨報學園哀悼志摩專號（二十年十二月十四日）

懷志摩先生 何家槐 新月四卷一號

懷志摩先生 許君遠 北平晨報學園哀悼志摩專號（二十年十二月十日）

挽徐志摩君 吳宓 大公報文學副刊二百零五期（二十年十二月十四日）

志摩紀念 周作人 新月四卷一號

志摩週年祭 方瑋德 北平晨報學園四一六號（二十一年十一月十九日）

志摩師哀辭 趙景深 新月四卷一號

志摩的風趣 葉公超 大公報文學副刊二百零二期（二十年十一月三十日）

志摩與我 高植 小說月刊一卷二期

志摩最後的一夜　韓湘眉　新月四卷一號
志摩眞的不回來了嗎　叔華　北平晨報學園哀悼志摩專號（二十年十二月六日）
志摩是人人的朋友　方令儒　新月四卷一號
志摩在回憶裏　郁達夫　新月四卷一號
與志摩最後的一別　楊振聲　新月四卷一號
談志摩的散文　梁實秋　新月四卷一號
送志摩昇天　張若谷　新月四卷一號
去罷！志摩　瞿菊農　北平晨報學園哀悼志摩專號（二十年十二月十日）
北大求學時代的志摩　毛子水　北平晨報學園哀悼志摩專號（二十年十二月八日）
再談志摩　方瑋德　大公報文學副刊二百零九期（二十一年一月十一日）
詩人的風趣　吳世昌　北平晨報學園四一六號（二十一年十一月十九日）
詩人志摩逝世週年紀念　方德瑋　大公報文學副刊二百五十四期（二十一年十一月十四日）

我現在是爲文學的朋友流第三次的眼淚了 蹇先艾 北平晨報學園哀悼志摩專號（二十年十二月八日）

——敬獻於志摩之靈——

我們所愛的朋友 孟和 北平晨報學園哀悼志摩專號（二十年十二月九日）

我所認識的徐志摩 汪辟疆 讀書雜誌二卷九期

戲劇界裏的徐志摩 余上沅 北平晨報學園哀悼志摩專號（二十年十二月七日）

敬以一瓣心香致祭徐君 恨水 北平晨報學園哀悼志摩專號（二十年十二月九日）

悼亡友朱大枬先生 黽公 北平華北日報副刊（十九年十二月十四日）

按：朱君係一個未成名的詩人。

我在懷念着也頻 蕭石 文藝新聞十三號

死矣蔣光慈 夏春柔 文藝戰線第三期

紀念白屋詩人吳芳吉先生 吳家盛 大公報文學副刊二百三十三期（二十一年六月二十日）

王湖綺先生誕生百年紀念小言 大紹 大公報文學副刊二百六十六期（二十二年二月六日）

悼秋心 廢名 大公報文學副刊二百三十六期（二十一年七月十一日）

清代男女兩大詞人戀史的研究　雪林女士　武大文哲季刊一卷三，四期

關於王靜安先生逝世的史料　陳乃乾　文學週報五卷一，二合刊

王靜庵先生致死的眞因　徐中舒　文學週報五卷一，二合刊

3. 文學家逸訊

關於北方詩人之種種　編者　小說月刊一卷三期

夫婦作家的啞謎　讀者寄稿　文藝新聞第三期

——楊騷與白薇之離合——

魯迅的最近　曼君　廣西靑年十期

郁達夫也有不「達」處　汪洋　文藝之友四期

郭沫若在日本　魯人　新時代月刊四卷三期

張資平的作品的眞假問題　敏芳　文藝之友三期

詩人朱湘的妙句　雲芳　文藝之友四期

一一、日本文學家

1. 評傳

一位留學中國之日本詩人　繆鳳林　國風半月刊一卷二期

阿倍仲麻呂生於唐武后長安元年（七〇一）在玄宗開元三年（七一六）日主選為遣唐留學生。卒于唐，年七十。

日本文學博士那珂通世傳　三宅米吉述　黃子獻譯　史學叢刊一卷一期

小泉八雲　Edmund Gosse 著　梁遇春譯　青年界二卷一號

小泉八雲（Lafeadic Hearn）生于1850—1904

小泉八雲　Edmund Gosse　白丁譯　北平華北日報副刊（十八年七月十一，十二日）

想到小泉八雲及其他　陸汎　北平晨報學園三〇三號（二十一年五月二十四日）

森鷗外　孫俍工　世界文學家列傳

森鷗外生于1860-1922

夏目漱石　孫俍工　世界文學家列傳

夏目漱石生于1867-1916

關於夏目石　章克標　小說月報二十卷七號

國木田獨步　孫俍工　世界文學家列傳

國木田獨步生于1871-1908

島村抱月　孫俍工　世界文學家列傳

島村抱月生十1871-1918

岩野泡鳴　孫俍工　世界文學家列傳
岩野泡鳴生于1873-1920

有島武郎　孫俍工　世界文學家列傳
有島武郎生于1878-1823

美人青眼的有島武郎　陳翔冰　新時代月刊一卷四期

十一谷義三郎自叙傳　高明　現代一卷六期
日本「文藝家協會」會員之一，生于一八九六。

池谷信三郎自叙傳　高明　現代一卷二期
「文藝家協會」會員之一二生于一九〇〇

前田河氏的印象　伯奇　文藝生活第三號
前田河廣一郎係日本「文藝戰線派」的名人，普羅作家之一，約生於日本大正年間。（廿世紀初年）

菊池寬論　適夷　讀書月刊二卷四五期合刊
—日本文藝印象之一—（日本新思潮派作家之一，生於日本大正年間。）

芥川之介在思想史上的位置　日本唐木順三作　侍桁譯　文藝研究一卷一册
—譯自「芥川龍之介其人的研究」之一節—（日本新思潮派作家之一，自殺於一九二七。）

日本無產階級作家論　石濱知行作　胡行之譯　北新月刊四卷六號

兩個日本作家底感想　郁達夫　新學生創刊號

女作家

日本文壇女角一瞥　孫立元　讀書雜誌二卷十期

明治文壇中之女作家—樋口一葉　傅仲濤　鞭策週刊十六期

2. 軼事

小泉八雲晚年的一段生活　趙蔭棠譯　明天一卷十一期
—小泉夫人述—

日本評論家平林氏死去　雲彪　讀書雜誌一卷九期
平林氏即平林初之輔，係日本早稻田大學文學教授。

平林初之輔客死巴黎　文藝新聞十六號

日本詩人生田春月底自殺　先人　北新半月刊四卷十一號
於一九三〇年五月投海自殺

生田春月的死　劉大杰　現代文學一卷三期

3. 印度和其他東方各國文學家

迦利陀婆　孫俍工　世界文學家列傳
(Kalidasa)　約生于第六世紀間。

泰戈爾　孫　工　世界文學家列傳　生于一八六一
(Rabindranath Jagore)

幾位現代的印度詩人　Vasudco B. Metta 著　曾大器譯　厦大週刊二百六十六期

波斯詩人「莪默伽亞謨」　郭沫若　文藝論集下卷
(Omar Khayyam) 約生於第十一世紀間。

賓斯奇　孫俍工　世界文學家列傳
(David Pinske) 猶太人生于一八七二。

二　歐美文學家傳略（文學家之原名與生卒年均見另行）

1. 希臘和羅馬的文學家傳

荷馬　孫俍工　世界文學家列傳

哀斯該勒斯　孫俍工　世界文學家列傳
(Aeschylus 525-456 B.C.)

希臘悲劇家埃斯基拉　亨利穆列著　編者譯　北平華北日報副刊（十八年十一月十七日）

蘇富克里斯　孫俍工　世界文學家列傳
(Sophocles 495-405 B.C.)

歐利披提斯　孫俍工　世界文學家列傳
(Euripides 480-408 B.C.)

亞里斯多芬尼斯　孫俍工　世界文學家列傳
(Arislophanes 440-380)

富有近代精神的詩人魏琪爾 J. Ershine著 羅馬詩人 傅東華譯 小說月報二十一卷十一號

魏琪爾與伊泥易德 小說月報二十卷十一號
內容：（一）魏琪爾，（二）「伊泥易德」，（三）魏琪爾之過去及現在，（四）「伊尼易德」中之神話，（五）「伊尼易德」小韵律。（「伊泥易德」係魏琪爾所作之詩）

阿保奈爾 月 現代創刊號
（Guillaume Apollinaire 生于一八八〇）

馬里奈諦訪問記 江思譯 現代一卷三期
（F. T. Marinette 生于一八七八）

2. 意大利文學家評傳

文藝復興遠祖喬槖傳 徐悲鴻 大陸雜誌一卷五期

但丁 孫俍工俍世界文學家列傳
（Alighieri Dante 1265-1321）

但丁 R. W. Church 著 舍予譯 齊大月刊二卷三，四期

布嘉肖 孫俍工 世界文學家列傳
（Giovaun Raccaccio 1313-1375）

浮迦紮諾 孫俍工 世界文學家列傳
（Antonio Fogazzaco 1842-1911）

喬克薩 村彬 北平晨報劇刊七二期（二十一年五月二十九日）
（Guisepe Giacosa 1847-1906）

鄧南遮　孫俍工　世界文學家列傳

（Gabriele D'Annunzio 生于一八六三）

鄧南遮—頹廢派　村彬　北平晨報劇刊七〇期（二十一年五月十五日）

杜西與鄧南遮　Luigi Del Ricico 作　若斯譯　文藝月刊三卷五，六期合刊

（關於著名女優杜西愛着鄧南遮一段逸事）

神奇派的皮籃得婁　村彬　北平晨報劇刊七四期（二十一年六月十二日）

（Luigi Piranadello 生于一八六七）

伯比尼　孫俍工　世界文學家列傳

（Giovanni Papini 生于一八八一）

意大利近代文學上兩大怪傑　楊昌溪　橄欖月刊二十七期

—莫索里尼和丹農雪烏—

3. 西班牙文學家評傳

塞爾華提斯　孫俍工　世界文學家列傳

（Cervantes 1547-1616）

韋迦　孫俍工　世界文學家列傳

（Lope Felix de Vega Carpio 1562-1635）

嘉爾特倫　孫俍工　世界文學家列傳

（Calderon 1600-1681）

伊齊迦奈　孫俍工　世界文學家列傳

（Jase Echegaray 1832-1926）

劇本小說化的嘉爾多斯　村彬　北平晨報劇刊七七期（二十一年七月三日）

（Benito Pere-Galdos 1845-1920）

九八運動的健將倍文德　村彬　北平晨報劇刊七八期（二十一年七月十日）

（Jacinto Benavente 生於一八六六）

瞄住西班牙的倍那文德　Edgar Holt 作　曾大器譯　廈大週刊十一卷十，十一期

伊文訥茲　孫俍工　世界文學家列傳

（Vicente Blasco Ibanez 生于一八六七）

伊本訥茲與少年西班牙之健立　楊昌溪　橄欖月刊二十五期

一九三一年諾貝爾文學獎金已給與西班牙學者比達　林慕　大公報文學副刊二百四十三期（二十一年八月二十九日。

（R. M. Pidal 生于一八六九）

阿耶拉　江思　現代雜誌一卷一期

（Romon Pérez de Ayala 生于一八八〇）一個著名小說家

新西班牙的新興作家　許說佑　小家月報二十二卷十一號

內容：往日的作家和新興作家，巴勒英克朗，阿作林底反抗狄克維多，從虛無主義到希望，新與文學的趨勢。

4. 法國文學家

A. 評傳

法國詩人菲農誕生六百年紀念）大公報文學副刊二百零四期（二十年十二月七日

（Francois de Montiorbier 1431-1461）

法蘭西瓦．維龍五百年紀念　木天　北斗月刊二卷一期
維龍（FrancoisVilon）

法國文人拉伯雷誕生四百五十年紀念　大公報文學副刊二百七十期（二十二年三月六日）
（F. Rabelai 1483-1553）

孟泰尼論　聖蒲孚作　宗堯譯　北平華北日報副刊（十八年十一月十，十一，十四，十六日。）（Mantaigne 1533-1593）

顧爾南柳　孫俍工　世界文學列傳
（Pierre Corneille 1606-1684）

莫里野爾　孫俍工　世界文學家列傳
（Moliére 1622-1673）

拉西努　孫俍工　世界文學家列傳
（Teau Racine 1639-1699）

勃來浮　孫俍工　世界文學家列傳
（Lábbe Prevost 1697-1763）

盧梭　孫俍工　世界文學家列傳
（Jean Jacques Rouseaw 1712-1778）

盧梭的生涯　汪洪法　讀書雜誌一卷三號

保馬歇評傳　梁念曾　北平晨報劇刊一〇二，一〇三期（二十一年十二月十一，十八日）

十八世紀法國喜劇作家生子 1732-1799

沙多布里陽 孫偎工 世界文學家列傳
（Vicomte de Chateaubriand 1768-1848）

拉梅奈誕生百五十年紀念 梁念曾 大公報文學副刊二百三十一期（二十一年六月六日）
（Felicite Robert de Lamennais 1782-1854）

斯丹達爾 孫偎工 世界文學家列傳
（Stendhal 1783-1842）

法國小說家斯當達爾誕生百五十年紀念 夏鼎 大公報文學副刊二百七十七期（二十二年四月二十四日）

詩人維耐 朱紀榮 天津益世報副刊（十八年一月十九日二十七日）
是十九世紀法國浪漫派的重要人物 (alfred de Uigny 1797-1863)

巴爾紮克 孫偎工 世界文學家列傳
（Honoré de Balzac 1799-1850）

巴爾札克傳 附年譜 白宁 大陸雜誌一卷七，八期

巴爾札克論 伯藍兌斯書 白宁譯 北平晨報學園五十至五十二號（二十年三月五，六，七日）

巴爾札克論 聖潽爭作 宗堯譯 北平華北日報副刊（十八年九月十六，十七，十九，二十，二十一，二十二日）

巴爾札克的思想 法槪作 李長山譯 北平華北日報副刊（十九年三月九，十日）

巴爾札克的生平　法概(Emile Faguet)譯　李長山重譯　北平華北日報副刊（十九年三月三，五，六，八，九日。

按：本文原文係原著Balzac之第一章該書Paris Librairei Hachettc et cie出版

談巴爾札克　法郎士作　宗堯譯　北平華北日報副刊（十九年十月十三，十五日）

囂俄　孫俍工　世界文學家列傳（Vrctor Hugo. 1820-1885）

梅禮美　孫俍工　世界文學家列傳（Prosper Merimée 1803-1870）

聖白夫　孫俍工　世界文學家列傳（Saint Benve 1804-1869）

喬治桑特　孫俍工　世界文學家列傳（George Sand 1804-18761）

大仲馬　孫俍工　世界文學家列傳（Alexauder Dumas 1806-1870）

米塞　孫俍工　世界文學家列傳（Alfred de Musset 1810-1857）

波得萊　孫俍工　世界文學家列傳（Charles Baudelaire 1821-1867）

談鮑特萊爾　魯靜媛　北平華北日報副刊（十八年九月十三，十四，十六日。）

弗洛貝爾　孫俍工　世界文學家列傳（Gustave Flaubert 1821-1880）

弓古爾兄弟　孫俍工　世界文學家列傳
兄（Edmond de Goncourt 1822-1896）
弟（Jules de Goncourt 1830-1870）

小仲馬　孫俍工　世界文學家列傳（Alexandre Dumas 1824-1895）

沙都　孫俍工　世界文學家列傳（Victoren Sardon 1832-1908）

法國自然派劇之父柏克　村彬　北平晨報劇刊五七期（二十一年一月三十一日。）（Henry Beque 1837-1899）

左拉　孫俍工　世界文學家列傳（Emile Zola 1840-1902）

馬那爾麥　孫俍工　世界文學家列傳（Stephane Mallarme 1842-1898）

法郎士　孫俍工　世界文學家列傳（Anatole France 1844-1924）

小說家法郎士　修廖　北平華北日報新綠副刊（十八年二月七，二十一，二十八日。）

勃蘭兌斯論法郎士　東聲　文藝月刊三卷五，六期合刊

威爾連　孫俍工　世界文學家列傳（Paul Verlaine 1844-1896）

魏爾倫與象徵主義　哈羅德尼柯孫著　卞之琳譯　新月四卷四期
魏爾倫卽威爾連

魏爾倫　英 Arthur Symons 著　蕭石君譯　文藝月刊一期

米爾坡　孫俍工　世界文學家列傳（Ostove Mirboan 1848-1917）

赫斯曼斯　孫俍工　世界文學家列傳（Joris Karl Huysmans 1848-1907）

羅蒂　孫俍工　世界文學家列傳（Peirre Loti 1850-1923）

莫泊桑　孫俍工　世界文學家列傳（Guy de Maupassant 1850-1893）

論莫泊桑　托爾斯泰著　東聲譯　文藝月刊一卷五號

布爾塞　孫俍工　世界文學家列傳（Paul Bourget 1852-1923）

勒買特　孫俍工　世界文學家列傳（Jules Lemaitre 1853-1914）

盧列巴潛　孫俍工　世界文學家列傳（René Bazin 生于一八五三）

拉博　孫俍工　世界文學家列傳（Arthur Rambaud 1854-1891）

戀愛劇作家丹里　村彬　北平晨報劇刊六三期（二十一年三月二十日）（Maurice Donnay 生于一八五四）

古爾模　孫俍工　世界文學家列傳（Rémi de Gourmont 1858-1914）

白里歐　孫俍工　世界文學家列傳（Eugene Brieux 1858-1932）

白利歐傳略　李青崖　文藝茶話一卷五期

純正的問題劇作家白利歐　村彬　北平晨報學園六六期（二十一年四月十七日）

法國著名戲劇家白利歐逝世　大公報文學副刊二百五十八，二百五十九期（二十一年十二月十二，十九日）

巴萊斯　孫俍工　世界文學家列傳（Maurice Barrès 生于 1862-1923）

卜勒浮斯特　孫俍工　世界文學家列傳（Marcel Prévost 生于一八六二）

羅曼羅蘭　孫俍工　世界文學家（Romain Rolland 生于一八六六）

羅思丹　孫俍工　世界文學家列傳（Edmond Rostand 1868-1918）

純粹浪漫派之羅斯丹　村彬　北平晨報劇刊六七期（二十一年四月二十四日）

克羅得爾　孫俍工　世界文學家列傳（Paul Claudel 生于一八六八）

普洛孚司忒　孫俍工　世界文學家列傳（Marcel Proust 1871-1923）

巴比塞　孫俍工　世界文學家（Heuri Balb 生于一八七四）

悼法國革命史家馬第埃先生　黎東方　大公報文學副刊二百三十五期（二十一年七月四日）

（Albert Mathiez 1874-1932）

菲立浦　孫俍工　世界文學家列傳

（S.L. Philippe 1875-1909）

比也爾·核佛爾第　陳御月　現代一卷二期

（Pierre Reverdy 生于一八八九）

關於雷蒙拉第該　法若望高克多著　戴望舒譯　現代三卷一期

（Raymond Radiguet 1903-1923）

龔枯爾獎金得者佛柯尼　楊昌溪　現代文學評論一卷三期

龔古爾獎金得者　文藝新聞第七號

—佛克尼的馬來亞—

女作家

賽維宜夫人及其尺牘　潤餘　婦女雜誌十七卷七號

內容：（一）法國尺牘文學的發展與賽維宜夫人，（二）賽維宜夫人的生活，（三）她的尺牘。：賽維宜夫人（Marcelini Marquis de Sevigne）原名香打兒（Marie de Rabutin-Chantal）生于1626-1696

法國十九世紀的偉大女作家斯達埃夫人　曾覺之　婦女雜誌十七卷七號

原名日爾買侖來格雨（Germame Necker生于 1766-1817）

斯達埃爾夫人 孫俍工 世界文學家列傳

（Mme Stail 1766-1817）

喬治桑之「我的生活史」 潤餘節譯 婦女雜誌十七卷七號

原名呂喜阿羅盧班（Lucile-Aurore Dupin）生于 1804-1876

法國女詩人德斯波華模爾傳 曾仲鳴 南華文藝一卷一號

按：原名爲馬思林，德斯波，德華模爾（Marcelini Dorlosdes Valmore）生于 1786-1859

德博脫華爾摩夫人及其詩 曾覺之 婦女雜誌十七卷八號

B.軼事

莽泰因(Michel Montaigne)之榮譽 北平圖讀書月刊一卷三號 學術雜訊欄

法郎士的事情 蘇聯魯納却爾斯基著 N.C.譯 現代小說三卷一期

左拉的作品及遺範—巴比塞著 穆木天譯 北斗月刊第二期

—一九一九十月五日梅丹聖地參拜時的演說詞—

左拉的出名方法 力 橄欖月刊二十六期

5.英國文學家

A.評傳

莎士比亞　孫俍工　世界文學家列傳（William Shakespeare）1564-1616

莎士比亞　小泉八雲講　彥祥譯　萬人雜誌一卷一期

小泉八雲論莎士比亞　馬彥祥譯　文藝月刊二卷五，六號合刊

托爾斯泰論莎氏比亞　東聲譯　文藝月刊二卷二，三號

紀念莎士比亞　屢華　北平晨報學園二八八，二八九，二九〇號（二十一年四月二十六，二十八，二十九日）

英國詩人赫巴特逝世三百年紀念　王珉源　大公報文學副刊二百七十期（二十二年三月六日）

（George Herbert 1593-1633）

彌爾敦　孫俍工　世界文學家列傳（John Milton 1608-1674）

彌爾敦　英 Mathew Arnold 著　楊晦譯　沉鐘十三期

彭時　孫俍工俍世界文學家列傳（Robert Burns 1759-1796）

華茲華斯　孫　工　世界文學家列傳（William Wordsworth 1770-1850）

維廉·韋子唯慈　R. W. Church 著　舍予譯　齊大月刊二卷七期

韋子唯慈即華茲華斯

司各德　孫俍工　世界文學家列傳
（Sir Walter Scott 1772-1832）

斯各德　黎居亮　國聞週報九卷四二期

司各特的片面觀　立家　南大週刊一三七，一三八合刊

小說家的司各德　韋叢蕪　天津益世報副刊（十九年一月十七日）

司各脫百年紀念　高克毅　北平晨報學園三七九號（二十一年九月二十一日）

紀念司高脫　費鑑照　新月四卷四期

夏士勒德百年忌　Charles Dudley Warner作　周起應譯　現代文學一卷六期
夏士勒德亦卽司各德

擺倫　孫俍工　世界文學家列傳
（George Gordon Byron 1788-1824）

拜倫的生活思想與性格　鏡園　讀書雜誌二卷六期

辛克萊論雪萊　韓明譯　天津益世報文學週刊二十五，二十六期（二十二年五月十三，二十日。）
（Percy Bysshe Shelly 1792-1822）

加拉伊爾　孫俍工　世界文學家列傳
（Thomas Carlyle 1795-1881）

評濟慈　張源　晨星月刊第一期
(John Keats 1795-1821)

丁尼生　孫俍工　世界文學家列傳
(Alfred Tennyson 1809-1892)

藤尼生　小泉八雲著　騷譯　北平晨報學園八〇期(二十年四月三十日)

薩愷來　孫俍工　世界文學家列傳
(William Makepeace Thackeray 1811-1863)

迭更斯　孫俍工　世界文學家列傳
(Charles Dickens 1812-1870)

愛麗特　孫俍工　世界文學家列傳
(George Eliot 1819-1880)

文藝批評家羅斯金　吳定　天津益世報文學週刊十四期(二十二年二月十一日)
內容(一)羅斯金思想之淵源,(二)文藝批評之羅斯金,(三)道德的藝術觀,(四)美學,(五)羅斯金與自然。

梅列提斯　孫俍工　世界文學家列傳
(George Meredith 1828-1909)

英國格林逝世五十年紀念　武崇漢　大公報文學副刊二百七十期(二十二年三月六日)
(John Richard Green 1837-1883)

奇人史文朋　John Macy作　周驕子試譯　新月月刊三卷七期
(Swinbtre 1837-1909)

哈提　孫俍工　世界文學家列傳（Thomas Hardy 生于一八四〇）

葛勞德逝世　趙景深，小說月報二十二卷九號—附葛勞德著作年表。—葛勞德（Edward Clodd）生于 1840-1930

現代英國桂冠詩人——白理基士　費鑑照　新月月刊二卷十一號（Robert Bridges 生于一八四四）

戈理基　沛　南開週刊九十九期

散芝褒理先生　英國戈斯著　白丁譯　北平華北日報副刊（十八年七月二十八，二十九日）—英國著名批評家之一—（George Saintsburg 1845-1933）

英國批評家兼文學史家聖次伯雷逝世　大公報文學副刊二百七十九期（二十二年五月八日）

演員出身的品內羅　村彬　北平晨報劇刊八四期（二十一年八月十四日）（Authus Wing Pinero 生于一八五五）

英國著名偵探小說家柯南道爾逝世　大公報文學副刊一百三十二期（十九年七月二十一日）（Sir Arthnr Conan Doyle 1859-1930）

王爾德　孫俍工　世界文學家列傳（Oscar Wilde 1856-1900）

唯美怪傑王爾德　楊村彬譯　北平晨報劇刊九一期（二十一年十月二日）

英國文壇四畫像 Horld Laski 作 錢歌川譯 現代文學評論一卷二期
(一)蕭伯納，(二)高爾斯華綏，(三)吉卜林，(四)威爾期。

拉斯基論英國現代四作家 高祖武譯 週聞週報八卷二期
(一)韋爾斯，(二)蕭伯訥，(三)高爾斯沃才，
(四)吉百林。

蕭伯納 孫俍工 世界文學家列傳
(George Barnard Shaw)一八五六

蕭伯納 趙家璧 現代二卷五期

蕭伯納 施百无 彗星半月刊一卷二期

蕭伯納略傳 石質譯 天津益世報戲劇與電影十六期(二十二年二月二十二日)

蕭伯納評傳 亨特生 大陸雜誌一卷九，十期

蕭伯納的研究 張夢麟 學藝百期紀念號

社會主義者蕭伯納 村彬 北平晨報劇刊九五期(二十一年十月三十日)

蕭伯訥訪問記 宮島新三郎作 高明譯 讀書月刊二卷二期

喬其蕭伯訥 漢奔 東方文藝一卷二期

蕭伯訥與現代青年 清波 微音月刊二卷十期

蕭伯訥和費邊主義 林友庸 北平晨報學園四六三，四六四號（十二年二月二十三，二十四日）

蕭伯訥與現代文藝 楊瑞麐 北平晨報學園四六五，四六六號（二十二年二月二十七，二十八日。）

蕭伯訥的社會觀 E. Wagenkecht 石質譯 天津益世報戲劇與電影十六，十七（二十二年二月二十二日。三月一日）

蕭伯納一生的成就 黃作霖 國聞週報十卷七，八，九期

技巧主義者巴蕾 楊村彬 北平晨報劇刊一〇九期（二十二年一月二十九日）

(Sir James Barrie 生于一八六〇)

巴瑞的作品之研究 陳豫源 北平晨報劇刊二四期（二十年六月七日）

最近逝世之英國小說家洛克 大公報文學副刊一百二十四期（十九年五月二十六日。）

洛克（William John Loke 1863-1930）

吉卜林 孫俍工 世界文學家列傳

（Rudyard Kipling 生于一八六五）

夏芝 孫俍工 世界文學家列傳

（William Butler Yeats 生于一八六五）

夏芝 村彬 北平晨報劇刊一一二期（二十二年二月十九日）

夏芝　費鑑照　文藝月刊二卷一號

威爾士　孫俍工　世界文學家列傳（H. G. Wells 生于一八六六）

班乃德評傳　奕珊　國聞週報九卷十九期（Enoch Arnold Bennett 1867-1931）

論班納德　奕珊　大公報文學副刊一百七十五期（二十年五月十八日）

彭納德　費鑑照　文藝月刊二卷五，六號合刊

高斯華綏　孫俍工　世界文學家列傳（John Galsworthy 1867-1933）

高爾斯華綏　村彬　北平晨報劇刊一〇三期（二十一年十二月十八日）

高爾斯華綏　源西　小說月刊一卷三期

高士華綏小論　劉大杰　現代學生二卷四號

高斯華綏及其作品　趙三　國聞週刊九卷四十九期

內容（一）高斯華綏的生平，（二）高斯華綏的小說，（三）高斯華綏的戲劇，（四）高斯華綏的散文及其他。

約翰高爾斯華綏論　蘇汶　現代二卷二期

本年度諾貝爾文學獎金之獲得者高斯華綏　季羡林　北平晨報學園四二九，四三○號（二十一年十二月十五，十六日）

悼霍爾斯華綏　馬彥祥　天津益世報戲劇與電影十四期（二十二年二月八日）

賽音奇　孫偎工　世界文學家列傳
（John M llington Synge 1871-1909）

農民劇作家沁孤　村彬　北平晨報劇刊一一四期（二十二年三月五日）
（沁孤即賽音奇）

華萊斯評傳　許君遠　北平晨報時代批評一期（二十一年二月二十四日）
（Edgar Wallace 1875-1932）

新任桂冠詩人——梅士斐爾特　費鑑照　新月月刊三卷一號
（John Masefield-The new Peot-lameats 生于一八七四）

鄧塞尼的羅漫斯　村彬　北平晨報劇刊一一五期（二十二年三月十九日）
（Lord Dunsany 生于一八七八）

英國詩人兼批評家孟羅逝世　大公報文學副刊二百五十一期（二十一年十月二十四日）
（Harold M nro 1879-1932）

羅蘭斯論　英國華倫（C. Henry Warren）作　趙景深譯　現代文學創刊號
（D. H. Lawrence 1885-1930）

羅蘭斯　杜衡　小說月報二十一卷九號

羅蘭斯逝世　楊昌溪　現代文學創刊號

史曲雷希利登——是一個傳記作家的能手——　費鑑照　文藝月刊二卷十期（Lytton Strachey 1880-1932）

英國傳記作家斯特來奇逝世　大公報學文副刊二百三十八期（二十一年七月二十五日）

愛爾蘭作家喬愛斯　費鑑照　文藝月刊三卷七期（James Joyce）生于一八八二

一位聲名籍文的戲劇批評家　Christapher St Jonh作　曾大器譯　厦大週刊十一卷十二，十三期

按：即英戲劇批評家 William Orcher

英國現代作家赫胥里愛爾鐸司　費鑑照　天津益世報文學週刊五期（二十一年十二月三日）（aldous Huxley）生于一八九四

女作家

英國文學史中的白朗脫氏姊妹　仲華　婦女雜誌十七卷七號

英國女詩人羅色蒂誕生百年紀念　縠永　大公報文學副刊一百五十四期（十九年十二月二十二日）

（C. G. Russetti 1830-1894）

女詩人羅賽諦百年紀念　袁嘉華　現代文學一卷六期

葛瑞果蕊夫人逝世感言　蕭乾　北平晨報劇刊七九期（二十一年七月十七日）（Lady Augnst Gregory 1859-1932）

格雷克瑞夫人　村彬　北平晨報劇刊一一四期（二十二年三月十二日）

英國現代散文作家華爾孚佛琴尼亞　費鑑照　天津益世報文學週刊三期（二十一年十一月十九日）（V. Woolf 1880生）

英國女詩人庫禮思婷娜羅夫底及其詩　劉皝芳　南大週刊一三七，一三八合刊

B. 軼事

談談吉士徒登也談到其他「一個市井詩人」　夏斧心　天津益世報副刊（十八年十一月十四日）

關於赫特生　編者　世界雜誌一卷四期

詩人拜侖的學生時代　夏萊蒂　中學生二十六號

拜倫的魔性　陳翔冰　新時代月刊創刊號

拜倫的苦痛　力　橄欖月刊二十七期

「雪萊的婚姻」小引　于賡虞　青年界二卷一號

雪萊底婚姻　于賡虞　天津益世報副刊（十九年一月十五日）

丁尼生之初次會見　戈斯著　白宁譯　北平華北日報副刊（十九年十一月二十一日）

回憶戈斯的童年 George C. Williamson 作　賀玉波譯　現代文學評論一卷三期
蕭伯訥的詼諧 杜若　東方雜誌二十八卷十七號
蕭伯納妙語驚四座 茉莉　世界雜誌一卷三期
與蕭伯納談話記 山風大郎譯　北新半月刊四卷十八號
蕭伯納遊俄 姜公偉　北晨學園二一四，二一五，二一六號（二十年十二月二十一，二十二，二十四日。）
蕭伯納在莫斯科 凌昌炎　現代一卷三期
蕭伯納遊華前後 編者　現代出版界十一期
關於蕭伯納來華 談生　新壘月刊一卷三期
關於蕭伯納來華 尼一　天津益世報語林（二十二年二月十七日）
歡迎蕭伯訥先生 M. T.　文藝月刊三卷八期
歡迎蕭伯訥先生 洪亮　北平晨報學園四六一，四六二，四六六號（二十二年二月二十一，二十二，二十八日）
歡迎蕭伯訥 北平晨報劇刊一一二期（二十二年二月十九日）

有不爲齋隨筆—語堂 論語半月刊一期
關於高爾斯華綏—讀蕭伯訥傳偶識— 朱冰輪 厦大週刊三〇三期（十二卷十二期）
高爾斯華綏遊舊金山 山風大郎 青年界一卷四期

6. 美國文學家

A 評傳

伊爾文 孫俍工 世界文學家列傳（Washington Irving 1783-1859）
美國文人華盛頓歐文誕生百五十年紀念 王岷源 大公報文學週刊二百七十四期（二十二年四月三日）
柯伯 孫俍工 世界文學家列傳（James Fenimore Cooper 1789-1851）
愛麥生 孫俍工 世界文學家列傳（Relph Walds Emersow 1803-1882）
霍桑 孫俍工 世界文學家列傳（Nathaniel Hawthome 1804-1864）
坡亞倫 孫俍工 世界文學家列傳（Edgar Allan Poe 1809-1849）
惠德曼 孫俍工 世界文學家列傳（Walt Whitman 1819-1892）

馬克推　孫佷工　世界文學家列傳（Mark Twin 1835-1910）一個幽默小說家

馬克吐温　趙景深　中學生二十二號

勃來特哈特　孫佷工　世界文學家列傳（Frances Bret Harte 1839-1902）

布萊特哈特　許君遠譯　北平晨報時代批評十期（二十一年四月二十七日）

詹姆士　孫佷工　世界文學家列傳（Henry James 1843-1916）

哈利斯逝世　民猷　大公報文學副刊一百九十七期（二十年十月十九日）
生于愛爾蘭入美籍爲民（Harris 1856-1931）

美國詩人林遂
遊記作者歐伯廉　逝世　大公報文學副刊二百二十五期（二十一年四月二十五日）
林遂（N. Vachellirdsay 1879-1931）
歐伯廉（F. Ò Brien 1869-1932）

北美黑詩人鄧龍　張徵　天津益世報文學週刊八期（二十一年十二月二十四日）（Par ce Lawence Dunbar 1872-1908）

倫頓　孫佷工　世界文學家列傳（Jack LOndon 1876-1916）

傑克倫敦　孫席珍　青年界一卷四期

支加哥詩人桑德堡　施蟄存　現代三卷一期（Carl Sandburg 生于一八七八）

戴爾 趙景深 青年界一卷三期
（Eloyd Dell）生于一八八一）

劉易士辛克萊 辛亥 小說月刊一期
（Sinclair Lewis 1885-1933）

劉易士小論 劉大杰 青年界一卷一期

劉易士 宮島新三郎作 錢歌川譯 青年界一卷一期

辛克萊 高地 小說月刊一卷三期

辛克萊論 余慕陶 讀書月刊二卷四，五合期

辛克萊和他的發展 李文生 文藝創作講座第二卷

辛克萊回憶錄 大公報文學副刊二百五十六期（二十一年十一月二十八日）

論路威士及其作品 瑞典Frik Axel Karlfeldt著 汪倜然譯 現代文學評論一卷三期
路威士即劉易士

辛克雷・路威士 汪倜然 世界雜誌一卷一期
—一九三〇年諾貝爾文學獎得者—

獲得一九三〇年諾貝爾文學獎金之美國小說家辛克萊路易斯 大公報文學副刊一百五十五期（十九年十二月二十九日）

一九三〇年度諾貝爾賞金的贏得者陸衛士　錢歌川　現代學生一卷四期
陸衛士亦卽劉易士

奧尼爾及其劇本（Eugene O'neill）生于一八八九　文藝生活第三號

哥爾德　楊昌溪　現代文學創刊號
（Michael Gold）生于一八九六—美國的高爾基—

辛克萊論美國作家　林慕　北平晨報學園四〇八，四〇九號（二十一年十一月四，七日）

美國文壇的新進作家
女作家　Derek Patmore原著　姜瘦萍譯　讀書月刊二卷四，五合期

一九三一年美國波立若獎金的獲得者彭恩夫人　仲華　婦女雜誌十七卷七號

B. 軼事

得利賽打劉易士的耳光　山風大郎　青年界一卷三期

劉易士吃耳光　威　讀書雜誌一卷二號

波士頓之行——關於「油」的被禁　辛克萊著　佐木華譯　現代小說三卷一期
按：本文是說到辛克萊的小說「煤油」禁止發售的經過。

7. 俄國文學家

A 評傳

普希金 孫俍工 世界文學家列傳 (Pushkin 1799-1839)

俄國文學初期的二詩人 克魯泡特金作 待桁譯 北平華北日報副刊（十八年八月十三至二十三日）
—普希金與萊芝托夫—

歌郭里 孫俍工 世界文學家列傳 (N. Gogol 1809-1852)

郭果爾的生活與思想 日本岡譯・秀虎作 待桁譯 文藝月刊三卷三，四期

倍林斯基 孫俍工 世界文學家列傳 (Belinsky 1810-1848)

龔察洛夫 孫俍工 世界文學家列傳 (Ivan Gonlcharov 1813-1891)

李門托夫 孫俍工 世界文學家列傳 (Lermontov 1814-1841)

屠洛涅夫 孫俍工 世界文學家列傳 (Ivan S. Turgenev 1818-1883)

屠格涅夫 克羅泡特金作 待桁譯 北平華北日報副刊（十八年十二月二十三，二十五，二十八日）

屠格涅夫訪問記 克魯泡特金著 侯樸譯 文藝月刊一卷三期

湼克拉紹夫　俄國克魯泡特金著　侍桁譯　北平華北日報副刊（十八年十一月二十八，二十九日）
（Nekrassov 1821-1877）
杜思陀益夫斯基　孫俍工　世界文學家列傳
（Fiodor Dostoyevsky 1821-1881）
杜思退益夫斯基　脫拉耶諾夫斯基著　適夷譯　青年界一卷五期
杜思退益夫斯基論　羅迦乞夫斯基著　建南譯　小說月報二十二卷四號
朶思退夫斯基　郭則虬　北平晨報學園三八七，三八八號（二十一年十月三，四日）
杜思退益夫斯基年表　Y. Tchechichin 著　傳玉符譯　青年界一卷五期
杜思退益夫斯基的五十年紀念號　Vladimir Pozer 著　許德佑譯　小說月報二十二卷四
杜思退夫斯基之生平及其信札　J. Middleton Murry 著　盈昂譯　大陸雜誌一卷十期
關於朶斯托也夫斯基的印象斷片　桐華　南開週刊九十九期
阿史特洛夫斯基　孫俍工　世界文學家列傳
（Ostrovsky 1823-1886）
托爾斯泰　孫俍工　世界文學家列傳
（Leo Tolstoi 1828-1910）

托爾斯泰 Havelock Ellis著 有熊譯 北平華北日報副刊（十八年十二月十二，十四，十六，十八，十九，二十一，二十二日）

托爾斯泰論 伊里支著 陳淑君譯 文學雜誌二號

托爾斯泰——爲人生而寫劇 村彬 北平晨報劇刊三九期（二十年九月二十日）

高爾基的托爾斯泰碎描 孟斯根 小說月刊一卷二期

雷奧·托爾斯泰的一生 A. Joube-Jansky夫人著 奈人譯 中法大學月報一卷五期

阿力舍·托爾斯泰會見記 法呂仙伏吉爾著 陳御月譯 現代一卷六期

科洛林科 孫俍工 世界文學家列傳
（Korolenko 1853-1920）

迦爾洵 孫俍工 世界文學家列傳
（V. L. Garshin 1855-1888）

柴霍甫 孫俍工 世界文學家列傳
（A. P. Tchekhov 1860-1904）

憶柴霍甫 非白譯 北平晨報學園四九四，四九五號（二十二年四月二十四，二十五，二十七日）

拿特生 孫俍工 世界文學家列傳
（Semyon Yakovlevith Nadson 1862-1887）

梭洛古勃 孫俍工 世界文學家列傳
（F. Sologub生于一八六三）

契利科夫　孫偃工　世界文學家列傳（F. Chirikov 生于一八六四）

契訶夫　源西　小說月刊一卷二期

在我們時代裏的契訶夫——為了他死後二十五年紀念——　盧那卡爾斯基作　P. K. 譯　萌芽月刊一卷二期

美列茲加夫斯基　孫偃工　世界文學家列傳（K. D. Merezhkovsky 生于一八六五）

巴爾芒　孫偃工　世界文學家列傳（K D Balymont 生于一八六七）

克彌斯基　孫偃工　世界文學家列傳（A. Kamensky 生于一八六七）

高爾基　孫偃工　世界文學家列傳（Maxin Gorky 生于一八六八）

高爾基　亥辛　小說月刊一卷一期

高爾基評傳　橋本英吉作　森堡譯　微音月刊二卷五期

高爾基評傳　D. S. Mirky 著　力生譯　北平華北日報副刊（十九年十二月八至十一日）

高爾基論　昇曙夢作　凌堅譯　讀書月刊二卷四，五合期

高爾基——革命者的青年時代之二——　茅盾　中學生二十五號

高爾基年譜　沈端先　文學月報一卷四期

高爾基小傳　長之試譯　北平晨報學園一一二，一一三號（二十年六月十，十二日）

高爾基訪問記　藤森成吉作　適夷譯　現代文學一卷四期

高爾基訪問記　昇曙夢作　高明譯　讀書月刊二卷一期

高爾基在蘇聯的地位　秋田雨雀作　適夷譯　現代文學一卷四期

高爾基的四十創作生活　修　電影與文藝三，四，五期

四十週年的高爾基之文壇活動　銳夫譯　新大衆創刊號

論高爾基　羅曼羅蘭著　寒琪譯　文學月報一卷四期

偉大的高爾基　吉爾波丁作　綺影譯　文學月報一卷四期

沙皇綱下之高爾基　趙家壁　現代三卷一期

不懂寫劇技巧的高爾基　村彬　北平晨報劇刊四〇期（二十年九月二十七日）

科布林　孫俍工　世界文學家列傳（Kurprin 生于一八七〇）

安特列夫 孫俍工 世界文學家列傳 (Leonid Andreev 1871-1919)

安特列夫回想錄 Maxin Gorky 著 源田譯 南開週刊九十九期

安得列夫論 塞里茲爾(Thomas Seltzer)著 麗尼譯 新時代月刊創刊號，二號

安得列夫——往星中 村彬 北平晨報劇刊四二期(二十年十月十一日)

拉紮列夫斯基 孫俍工 世界文學家列傳 (P. Razarevsky 生于一八七一)

卜留沙夫 孫俍工 世界文學家列傳 (V. Bryusov 1873-1924)

盧拿察爾斯基 孫俍工 世界文學家列傳 (A. Lunacharsky 生于一八七五)

阿志巴綏夫 孫俍工 世界文學家列傳 (M. Artzybashev 生于一八七八)

周爾科夫 孫俍工 世界文學家列傳 (G. Tohulkov 生于一八七九)

布洛克 孫俍工 世界文學家列傳 (A. Block 1880-1922)

路卜洵 孫俍工 世界文學家列傳 (Ropshin 生于一八八〇)

皮萊 孫俍工 世界文學家列傳 (Andry Byely 生于一八八〇)

謝志夫　孫俍工　世界文學家傳列（Boris Zaitzev 生于一八八一）

波里史柴采夫評傳　適夷　小說月報二十二卷九號
—俄之神秘詩人—（Boris Zaytsev）

左祝黎傳略　雲生　青年界一卷二期
（Efim Zoyulya 生于一八九二）

瑪耶闊夫司基　法國 A. Habaru 作　戴望舒譯　現代文學一卷四期
（Vladimir Mayakovsky 1894-1930）

馬耶珂夫斯基　光人譯　北新半月刊四卷十四號

瑪耶闊夫司基評傳　W. A. Drake 著　趙景深譯　小說月報二十一卷十二號

瑪耶闊夫司基論　楊昌溪　現代文學一卷四期

瑪耶闊夫斯基　梅吉爾（A. B. Magil）作　杜衡譯　現代文學一卷四期

蘇俄新作家札米亞丁　墨札譯　南大週刊一三五期
—曼哲斯特衞報巴黎通信—

幾個俄國作家的考察　辛克萊著　佐木華譯　現代文藝創刊號

俄國之民衆小說家　謝六逸　小說月報十一卷八號

新俄文學家傳略　尊疑　醒鐘一卷一期

B. 軼事

關於屠格涅甫的死　陸立之譯　現代文學一卷二期

託爾斯泰孫女回憶錄　安娜·託爾斯泰著　耿濟之譯　小說月報二十二卷一號

關於託爾斯泰之死的文件　Hélène Iswoisky 譯戚法文　吳且岡重譯　現代文學一卷五期

高爾基和第二次的世界大戰　五达　文藝新聞第七，八號

高爾基在蘇倫多　符拉齊米爾·波士奈作　朱壽白譯　現代一卷二期

高爾基與警察　顧思（Alesander Kaun）作　趙景深譯　現代文學一卷二期

安得列夫死耗　冰　小說月報十一卷一號

瑪耶闊夫司基的自殺　拉莎洛夫（A. I. Nazaroff）作　趙景深譯　現代文學一卷四期

瑪耶闊夫司基的自殺　俄國米爾斯基（D. S. Mirsky）作　趙景深譯　現代學生一卷二期

詩人瑪耶闊夫司基的死　戴望舒　小說月報二十一卷十二號

瑪耶闊夫司基死了以後　谷非　現代文學一卷四期

瑪耶闊夫司基的葬式 杉本艮吉作 毛翰哥譯 現代文學一卷四期

俄國革命詩人馬亞科夫斯基之自殺 大公報文副一百二十六期（十九年六月九日）

關於李別金斯基 若英 拓荒者一卷二期

8. 德國文學家

A. 評傳

德國大批評家兼戲劇家雷興誕生二百年紀念 學衡六十八期

列辛 孫俍工 世界文學家列傳（G. E.Lessing 1729-1781）

歌德 孫俍工 世界文學家列傳 歌德（Johann Wolfgang Von Goethe 1749-1832）

歌德論 Wittfogel 著 彭芳草譯 讀書雜誌二卷四期

歌德論 高滔 北平晨報學園二六七，二六八，二六九號（二十一年三月二十二，二十四，二十五日）

歌德論 宗白華譯 大公報文學副刊二百二十一期（二十一年三月二十八日）

論歌德 山岸光宣作 謝六逸譯 創化第二號

論歌德　L. Auerbach作　土人譯　現代出版界七期

歌德傳略　魏以新　申報月刊一卷二號

哥德年譜　御風　清華週刊三十五卷四期

歌德之認識　大公報文學副刊二百七十三期（二十二年三月二十七日）

歌德的少年時代　默之　中學生二十七號

歌德之晚年　紀生　北平晨報學園二九四號（二十一年五月六日）

歌德的生平及其作品　餘生　讀書雜誌二卷四期

歌德的平生及其著述　魏以新　新時代月刊二卷二，三期合刊

歌德之人生觀與宇宙觀　程衡　北晨評論一卷十一期

歌德的藝術觀　鵠逸　北平晨報學園六一一號（二十年三月二十四日）

哥德的生活藝術　沈來秋譯　眞美善六卷二期

歌德之「人生啓示」　宗白華　大公報文學副刊二百二十至二百二十二期（二十一年三月二十一，二十八日，四月四日）

歌德之認識　錦　彗星半月刊一卷二期
怎樣了解歌德　一艸　北平晨報學園二六九號（二十一年三月二十五日）
詩人歌德全人生的意義　方德瑋　國聞週報九卷九期
期（二十一年二月二十九日）　大公報文學副刊二百十七
葛德何以偉大　楊丙辰　鞭策週刊一卷五，六期
（爲葛德歿後百年紀念作）
科學家的歌德　毛一波　新時代月刊二卷二，三合期
自然科學者哥德　戈紹龍　鞭策週刊一卷四期
馬克斯主義所見的歌德　胡秋原　讀書雜誌二卷四期
｜歌德逝世百年紀念作｜
鄆片的的歌德　尹若　新時代月刊二卷二，三期合刊
德國詩聖歌德百年祭　薛冰譯　微音月刊二卷五期
歌德之百年紀念　華林　大陸雜誌一卷一期
歌德逝世紀念　許君遠　北平晨報學園六一，六二號（二十年三月二十四，二十
五日）
紀念歌德　方瑋德　北平晨報學園二六八號（二十一年三月二十四日）

紀念歌德的意義，甲辰　北平晨報學園二七二，二七三號（二十一年三月二十九，三十日，）

歌德和德國文學　楊丙辰　清華週刊三十五卷四期

鮮勒　孫俍工　世界文學家列傳
（Schiller 1759-1805）

國民詩人席勒爾　戈樂天　鞭策週刊一卷十期

諾伐利斯　孫俍工　世界文學家列傳
（Schlegel 1772-1801）

克來斯德　孫俍工　世界文學家列傳
（Heinrick von Kliest 1777-1811）

格列姆兄弟傳　德倭爾加斯特著　魏以新譯　小說月報二十二卷六號
兄（Jakob 1785-1863）
弟（Welhelm Grimm 1786-1859）

愛馨陶爾夫　孫俍工　世界文學家列傳
（Joseph von Euhedorff 1788-1857）

哈伊南　孫俍工　世界文學家列傳
（Heinrich Heine 1797-1856）

亨利海納評傳—是德國的一個情詩人（Heine）—　楊丙辰　萃原第一卷第二期

赫伯爾　孫俍工　世界文學家列傳
（C. F. Hebbel 1813-1863）

該列爾　孫俍工　世界文學家列傳（Gottfried Keller 1819-1889）

哈塞　孫俍工　世界文學家列傳（Paul Heyse 1830-1914）

德國兩大文豪百年紀念　段可情　現代文學一卷六期

1.保羅海士（Paul Heyse 1830-1862）

2.瑪麗・愛蒲樓（Marrie von Elner 1830-1913）

尼采　孫俍工　世界文學家列傳（Nielzsche 1844-1900）

利立恩克綸　孫俍工　世界文學家列傳（Lilienkron 1844-1905）

蘇特曼　孫俍工　世界文學家列傳（Hermann Sudermann 1857-1928）

受舞臺限制的蘇德曼　村彬　北平晨報劇刊四五期（二十年十一月一日，）

霍普德曼　孫俍工　世界文學家列傳（Gerhart Haurtmann 生于一八六二）

霍蒲特曼評傳　春冰譯　戲劇雜誌二卷二期　—現代戲劇大綱第十章—

自然主義的巨匠霍卜特曼（附自由舞台）　村彬　北平晨報劇刊四三期（二十年十月十八日）

哈普特曼的七十生辰　Harry Salpeter 著　漫鐸譯　大陸雜誌一卷七期

恩斯特 孫俍工 世界文學家列傳（Otto Ernst 生于一八六二）

特拉伊爾 孫俍工 世界文學家列傳（Max Dreyer 生于一八六二）

席拉夫 孫俍工 世界文學家列傳（Johannes Schlaf 生于一八六二）

荷爾茲 孫俍工 世界文學家列傳（Arno Holz 生于一八六三）

德美爾 孫俍工 世界文學家列傳（Richarl Dehmel 1863-1920）

威特金特 孫俍工 世界文學家列傳（Frank Wedkind 1864-1918）

表現派的先進韋特金 村彬 北平晨報劇刊四六期（二十年十一月八日）

哈特勒賓 孫俍工 世界文學家列傳（Otto Erich Hartteben 1864-1905）

哈爾伯 孫俍工 世界文學家列傳（Max Hullbe 生于一八六五）

洛斯美 孫俍工 世界文學家列傳（Ernst Rosmer 生于一八六六）

喜士費德 孫俍工 世界文學家列傳（Geory Hirschfeld 生于一八七三）

托馬斯曼的生平與作品 沈來秋 眞美善六卷一號（Thomas Mann 生于一八七五）

最近的湯麥斯曼—一九二九年諾貝爾文學獎金得者T. Maun— 茉莉 世界雜誌一卷一期

該塞爾 孫俍工 世界文學家列傳 (Georg Kaiser 生于一八八三)

雷馬克的思想與個性 楊昌溪 橄欖月刊十五期 (Erich Maria Remarque)生于一八九八

雷馬克的續著及其生活 楊昌溪 現代文學創刊號

雷馬克底退路 O. Biba 著 華琪譯 文學月報第一號

B. 軼事

葛德自述兒童時代的趣事 鄭譸麟譯 大公報文學副刊二百三十期(二十一年五月三十日)

—譯自葛德自傳卷一—

哥德戀愛年表 力昂 橄欖月刊二十七期

歌德的幾個女朋友 周曙山 讀書雜誌二卷四期

歌德的死 德赫寇爾著 段可情譯 讀書雜誌二卷四期

詩人歌德的死 法Edmond Jalona著 果仁節譯 南開週刊一二九，一三〇期(文藝專號)

關於詩人歌德之死　方瑋德　新月四卷四期

歌德與中國小說　陳銓　大公報文學副刊二百四十二期（二十一年八月二十二日）

霍甫特曼談話記　舍彼路著　張駿譯　現代小說三卷二期

西線歸來之創造　易康　現代文學評論一卷二期

9. 奧國文學家評傳

克里爾波齊　孫俍工　世界文學家列傳（Franz Erillpozer 1791-1872）

斯尼支勒　孫俍工　世界文學家列傳（Authur Schnitzler 1862-1931）

奧國戲劇家兼小說家顯尼志勞逝世　大公報文學副刊二百三十二期（二十一年六月十三日）

維也納運動的領袖巴爾　村彬　北平晨報劇刊四七期（二十年十一月十五日）（Hermann Bahr 生于一八六三）

和夫曼斯塔爾　孫俍工　世界文學家列傳（Hugo von Hofmannsthal 生于一八七四）

新的史劇作家何夫曼斯塔爾　村彬　北平晨報劇刊五四期（二十一年一月十日）

10 瑞典文學家評傳

斯德林堡 孫俍工 世界文學家列傳
(A. Strindberg 1849-1912)

三結婚三離婚的史特林堡 村彬 北平晨報劇刊三八期(二十年九月十三日)

史特林堡評傳 春冰譯 戲劇雜誌二卷五期

拉格爾洛夫 孫俍工 世界文學家列傳
(Selma Lagerloef 生于一八五八)——一個女作家——

瑞典抒情詩人加菲德博士 民猷 大公報文學副刊二百零二期(二十年十一月三十日)
(Erik Axel Karlfeldt 1864-1931)

得一九三一年諾貝爾文學獎金之瑞典抒情詩人加菲德博士 民猷 大公報文學副刊二百零二期(二十年十一月三十日。)

卡爾菲 浦江清 清華文學月刊二卷一期
(卡爾菲即菲德博士)

瑞典文學家蘇特堡 蓮岳 世界雜誌一卷三期
(H. Jalmar Soderberg 生于一八六九)

11匈牙利文學家評傳

裴都菲 孫俍工 世界文學家列傳
(Alexander Peloti 1823-1849)

匈牙利愛國詩人裴多菲　金素夸　橄欖月刊二十五期
約凱　孫俍工　世界文學家列傳（Moritz Jakai 1825-1904）
匈牙利劇作家摩爾那　村彬　北平晨報劇刊五五期（二十一年一月十七日）（Franz Molnar 生于一八七八）

12比利時文學家評傳

惠爾哈倫　孫俍工　世界文學家列傳（Emile Verhaeren 1855-1916）
洛登巴　孫俍工　世界文學家列傳（Georges Rodenback 1855-1898）
梅德林　孫俍工　世界文學家列傳（Maurice Maeterlinch 生于一八六二）
「比利時的莎士比亞」梅特林克　村彬　北平晨報劇刊六八期（二十一年五月一日）
梅特林克　Thomas H. Dickinson 著　春冰譯　戲劇雜誌二卷三，四期合刊

13挪威和丹麥文學家評傳

易卜生　孫俍工　世界文學家列傳（Heurih Ibsen 1828-1906）
從近代劇的始祖展開——易卜生　楊村彬　北平晨報劇刊三六期（二十年八月三十日）

社會改造家的易卜生與戲劇家的易卜生　熊佛西　天津益世報副刊（十八年十一月二十一日）

般生　孫俍工　世界文學家列傳
（B. Bjornson 1832-1910）

易卜生的同志——般生　村彬　北平晨報劇刊三七期（二十年九月六日）

般生論　小泉八雲講　白丁譯　北平華北日報副刊（十八年七月四，五日）
—譯自小泉氏的文學講義—

北歐散文作家——般生　小泉八雲講　張源譯　河南中山大學文科季刊第一期

挪威大詩人戲劇家兼小說家般生誕生百年紀念　武崇漢　大公報文學副刊二百五十九期（二十一年十二月十九日）

般生誕生百年紀念　宏告　大公報文學副刊二百五十九期（二十一年十二月十九日）

般生百年誕　傳東華　東方雜誌二十九卷八號

約拿斯李　孫俍工　世界文學家列傳
（Johnas Lee 1833-1908）

罕森　孫俍工　世界文學家列傳
（Kunt Hamsun 生于一八六〇）

鮑其爾　孫俍工　世界文學家列傳
（Johan Bojer 生于一八七二）

現代挪威女小說家(Sigrid Undset)評傳　Drake著　王守禮譯　進展一卷二，三期
一八八二生

丹麥

愛倫叔鸞格爾　孫俍工　世界文學家列傳（Oehlenschlager 1779-1850）

安徒生　孫俍工　世界文學家列傳（H. C. Andesen 1805-1875）

安徒生論　Egon Friendell 著　陳振漢譯　北平晨報學園七一號（二十年四月七日）

布蘭兌斯　孫俍工　世界文學家列傳（Georg Brandes 生于一八四二）

一著一三年的伯蘭兌斯　白宁　北平華北日報副刊（十九年十月二十四日）

按：伯蘭兌斯係丹麥著名的批評家

14其他各國文學家評傳

米克微支　孫俍工　世界文學家列傳（Mickiewicz 1789-1855）波蘭作家

顯克微支　孫俍工　世界文學家列傳（Sienkiewicz 1846-1916）波蘭作家

顯克微支　斐勒普斯著　王守禮譯　北平華北日報副刊（十九年二月六，八日）

萊芒　世界文學家列傳　波蘭作家（Reymont）生于一八六八）

不著名的劇作家席芝曼　村彬　北平晨報劇刊六九期（二十一年五月八日）　荷蘭作家（Herman Heijerman 1864生）

迦摩恩斯 孫俍工 世界文學家列傳
葡萄牙作家（Leriz de Comoens 1525-1580）

論古斯堪底納維亞的散文作家 小泉八雲講 宗堯譯 北平華北日報副刊（十八年六月一，三日）

伊斯脫拉底——巴爾幹的高爾基 楊昌溪 現代文學一卷一三期
（Panait Istroti 羅馬尼亞的作家一八八四生）

加利大詩人亞拉奈 趙景深 前鋒月刊第七期

加拉諾夫 代佐夫著 惟生譯 文藝月刊四號
流亡國外之保加利亞詩人（Karavelcv）

三、各國文學家的合傳和比較觀

世界文藝家略傳 文藝創作講座第一卷

近代戲劇家 Ashley Dukes 著 謝韻心譯 戲劇與文藝一卷十，十一期

現代英美四大詩人 溫源寧 青年界二卷二號
（一）羅蘭斯（P.H. Lawence）（二）德勒邁爾（Walter de la mare）
（三）聖得堡格（Carl Sandburg）（四）哀里奧德（T. S. Eliot）

現代世界女文學家概觀 趙景深 婦女雜誌十七卷一號

北歐四大女文豪 蔣逸霄譯 國聞週報八卷一期
（一）挪威：楷密拉柯萊脫，（二）瑞典，愛倫凱，（三）瑞典

：西瑪萊葛洛芙，（四）挪威：錫葛立特恩特賽。

但丁與琵亞屆麗　麥修安諾德作　綏昌譯　北平華北日報副刊（十八年九月二，四日）

哥德和希勒　路德維喜著　澄宇譯　讀書雜誌二卷四期　—此篇譯自Emil Ludwig所著之天才與品性（Genius and Character）一書—

歌德與康德　瞿菊農　北平晨報學園六二號（二十年三月二十五日）

歌德與貝亭娜　聖蒲甫作　宗堯轉譯　北平華北日報副刊（十八年八月十八至二十四日）

歌德與歌雅　李寶泉　南華文藝九，十期合刊

歌德與孔子　張君勱　北平晨報學園二七〇號（二十一年三月二十六日）

歌德與司丹恩夫人　景君　北平晨報學園六三號（二十年三月二十六日）

彌爾頓與杜甫　常工　長風月刊第二期

柴霍甫與莫泊三　張夢麟譯　學藝十一卷三號

柴霍甫與莫泊桑　Janko Lavrin著　張大倫譯　清華週報三十四卷四期

莫泊桑與龔古爾兄弟　法國A. Cuerinot作　王燊譯　北平華北日報副刊（十八年九月七至十二日）

托爾斯泰與尼采　瑞麐　北平晨報學園三三八至三四二號（二十一年七月二十二日又二十五至二十八日。）

高爾基與托爾斯泰　盧那察爾斯基　沈起予譯　文學月報一卷五，六號合刊

高爾基與傑克倫敦　Annebelle Kennedy著　徐令慧譯　北平華北日報副刊（十九年十二月十五至十九日）

按：本文係根據Haldeman-Julius Company 一九二四年出版之Little Blue Book No.3翻譯的

高爾基與賈克倫敦的比較研究　蔣學　現代小說三卷二期

辛克萊與高爾基　巴爾　文藝新聞八號

屠格涅夫與杜思拖夫斯基　E.H. Carr著　晝灼譯　明天三卷一號　—譯自「斯拉夫評論」（The Slavonic Review）八卷二十二號，一九二九年六月出版—

羅亭與巴札洛夫　俞異君　飛瀑半月刊一卷一期

易卜生與蕭伯納　Janko Zavsin作　張夢麟譯　現代學生一卷八，九期

按：易卜生的沈鬱，絕望，和蕭伯納的樂觀主義，是互相對照的。

鄧南遮與鄧肯　華侃　世界雜誌一卷二期

四、各國文學家的自傳

自敍傳　美國 Jack London 著述　邱韻鐸譯　藝術月刊創刊號

談自傳　A. Maurois 著　邵洵美譯　新月月刊三卷八期

曹操述志令和佛洛哀德自傳　陸志韋　燕大月刊六卷二期

1. 中國

介紹我自已的思想　胡適　新月月刊三卷四號　北平晨報學園三，四，五號（十九年十二月二十，二十二，二十三日）

——此文係近出之胡適文選序——

我的母親的訂婚——四十自述的一章——　胡適　新月月刊三卷一期

九年的家鄉教育　胡適　新月月刊三卷三期　北平晨報學園十七至十九號（二十年一月十三至十五日）

——四十自述的第二章——

從拜神到無神——四十自述的第三章——　胡適　新月月刊三卷四期

在上海——四十自述的第四章五章——　胡適　新月月刊三卷五，六，十期

柳亞子自傳　文藝茶話一卷三期　珊瑚半月刊二卷一號

印象的自傳—代中國作家自傳之一—　洪琛　文學月報第一號

我和「語絲」的始終—「我所遇見的大個文學團體」之五—　魯迅　萌芽月刊第二期

我的小傳　茅盾　文學月報第一號

我的自傳　余慕陶　讀書雜誌三卷二期

我的創作經過　張資平　文藝創作講座第二卷

我讀小說與寫小說的經過　王統照　讀書雜誌三卷二期

詩的生活　王禮錫　讀書雜誌三卷一期

我的寫作生活　巴金　讀書雜誌三卷一期

我的戲劇生活　熊佛西　北平晨報劇刊一〇六至一〇九期（二十二年一月八，十五，二十二，二十九日。）

自我演劇以來　予倩　戲劇雜誌二卷二期又三，四期合刊

我的生活　穆時英　現代出版界九期

我的自辯　巴金　現代二卷五期

寫作生活的回顧　巴金　新時代月刊四卷二期

我的自白——丁玲在光華大學講——　讀書月刊二卷四，五合期

我的生長和殁落　白薇　文學月報第一號——現代中國作家自傳之一——

我對於文藝理論研究的一片斷　胡秋原　讀書雜誌三卷一期

我的幼年時代的音樂生活　繆天瑞　讀書雜誌三卷一期

記幼年的藝術生活　錢君匋　讀書雜誌三卷一期

學校生活的迷途　劉衡靜　讀書雜誌三卷一期

碰釘子的生活　劉旣漂　讀書雜誌三卷一期

從三十年來的學風說到我的爲學態度的變遷　李季　讀書雜誌三卷一期

從投稿到編輯　顧鳳城　讀書雜誌三卷二期

入獄指南　A. A.　讀書雜誌三卷一期

斷片的回憶　楊凡　微音月刊二卷七，八期合刊

「此路不通」　傅東華　讀書雜誌三卷一期

2.外國

現代俄國文學作家底自傳　亦還譯　萌芽月刊第二期

現代俄國女作家自傳　張叔愚輯譯　婦女雜誌十七卷七號

李夫自傳　大公報文學副刊二百二十九期（二十一年五月二十三日）
——英國人研究荷馬學的（Walter Leaf 1852-1929）

我怎樣幫助我的父親工作　托爾斯泰的幼安 Alexandre 著　趙銘彝譯　現代文學一卷五期
——節譯自：Mid-Pacific Magazine'——

我的學徒生活　高爾基著　白文峯譯　摩爾寧月刊創刊號

附錄

一、文學書籍的序跋

1.專集的序跋

「中國文學史」序　鄭振鐸　東方雜誌復刊號　北平晨報學園三三〇號（二十一年七月十二日）

「中國文學史新編」緒論　心儂　文藝戰線第三期

「中國文學概論」序　黃際遇　勵學第三期
按：「文學概論」係段凌辰著，中華書局出版，

「文選學」自序　駱鴻凱　中大國學叢編一期二册

「六朝文學概論」序　汪東　中央大學半月刊二卷八期

「古文一隅」序　談文炡　國學叢選第十三，十四期

芝秀軒藏本「天籟集」付印題記　婁子匡　中國新書月報二卷二期

重印「傷曇錄」自序　高燮　國學叢選十二集

「傷曇錄」自序　高燮　國學叢選第七集

「優曇花影」序　黃質　國學叢選第十集

重印「陶庵夢憶」跋語　俞平伯　天津益世報副刊（十八年十一月五日）

「虛閣遺稿」序　馮煦　小說月報十一卷八號（「虛閣遺稿」，係殷大溪作，）

「索幾廬師友錄」自序　林損　中大季刊一卷四號

「雲中遊草」序　姚光　國學叢選第十集

「夢石文稿」自序　談文灯　國學叢選第十三，十四集

題「閑閑集」　楊棣棠　國學叢選第十一集

「輓聯錄存」自序　高燮　國學叢選十二集

「銷夏雜記」序　長子　藝觀第五期

謝愼修「學文法」序　高燮　國學叢選第六集

「北遊及其他」的自序　馮至　北平華北日報副刊（十八年五月十三日）

自序　冰心女士　北平晨報學園二八九，二九〇號（二十一年四月二十八，二十九日。）

「莫里哀集」序 巴爾札克作 白宁譯 北平華北日報副刊（十九年十二月一至四日）

宋刊「陸士龍文集」題跋記 劉平山 學風一卷四號

「吳日千先生集」書後 吳沛霖 國學叢選第五集

讀「金正希集」書後 徐希德 公教青年會季刊二卷二期（輔仁社課選粹之一）

讀「二曲集」書後 徐希德 公教青年會季刊二卷二期（輔仁社課選粹之一）

讀「藏山閣集」書後 胡蘊玉 國學叢選第五集

跋「清信郡王如松竹窗雅課」稿本 建猶 燕京圖報第二十五期

跋明嘉靖本「甘泉先生文集」 吳春晗 燕京大學圖報第一期
按：甘泉即明湛若水，著有「甘泉集」四十卷

2. 詩詞集的序跋

「七家詩綜」序 高燮 國學叢選第十五，十六集
計有：陸坊，朱鐘，邵澄，俞新玉，周壽，朱謙，熊昂碧，均係浙江人，

「丁不識遺詩」序 高燮 國學叢選第十三，十四集

「中國農民詩集」序　朱雲影　讀書雜誌二卷一期

「朱衣紅淚集」序　馬小進　采社雜誌第五期　按：係選錄陽曲傅青主先生之詩，中多偏於言情者，

「兩京紀游詩」序　金天翮　國學叢選第十五，十六集

「永嘉長短句」序——唱出自己的情緒　郁達夫　文藝茶話一卷四期

「野渡詩集」序　章衣萍　新時代月刊三卷一期

「然脂餘韻」序　王蘊章　國學叢選第七集

「天放樓詩集」序　高燮　國學叢選第十三四集　詩集係金松岑所作。

「天放樓詩集」跋　高圭　國學叢選第十三，十四集

「珠樓倡和集」序　葉秉常　國學叢選第十一集

「珠樓唱和集」序　高燮　國學選叢第十一集

「寄廡樓遺詩」序　高燮　國學選叢第十五，十六集　係浙江查蘧卿詩集

「冷齋遺詩」序　高燮　國學叢選第十五，十六集　周天爭詩集

「佩韋齋艷體詩」序　談文炡　國學叢選第十二集

「習靜齋詩話」序　胡懷琛　國學叢選第五集
（詩話作者係方瘦坡）

「攄懷齋詩草」自叙　楊達均　國學叢選第四集

「爰居閣詩稿」序　黃孝紓　青鶴雜誌一卷一號

「蟄庵詩存」序　葉恭綽　青鶴雜誌一卷四期

「自性堂詩集」序　洪元祥　國風半月刊八號

「龍慧堂詩集」書後　費師洪　青鶴雜誌一卷六期

「王氏七葉詩存」序　高燮　國學叢選第十三，十四期

田君晛先生「竢定堂詩集」序　張孔瑛　國學叢選十一集
（集文選句）

李韻濤「瑰蘊樓詩」序　談文炡　國學叢選第十五，十六集

「陸少唐先生遺詩」叙　胡藴　國學叢選十一集

「胡樸菴詩稿」序　高燮　國學叢選十一集

許坤符太守「夢綠寄廬詩存」序　張誠　民彝雜誌一卷二期

「張景雲遺詩」序　胡蘊　國學叢選十二集

「黃劍秋度隴吟」序　金天翮　國學叢選第九集

「羅庸菴先生遺詩」序　吳沛霖　國學叢選第一，二合刊
羅萬傑字庸菴，明人。

蓮生先生「行役詩」序　葉玉麟　民彝雜誌一卷二期

丹初先生囑題「鴻瓜詩集」因爲之序　雷通羣　厦大週刊二百四十九期

「峰泖題襟集」序　高燮　國學叢選第十集
—耿伯齊等之唱和集—

「稷東寓公詩鈔」序　郭象升　采社雜誌第五期
（介休羅公玉之詩集）

題「李翾歧詩全集」序　雷通羣　厦大週刊十一卷十六期

「鹽瀆唱和詩」序　葉玉麟　民彝雜誌一卷二期

「新生」序　曾今可　文藝之友創刊號

「希望詩集」序　饒院峯　天津益世報副刊（十八年一月二十七日）
按：「希望」係徐景賢的詩集

明本「薛濤詩」跋 傅曾湘 清華週刊三十四卷六期

「濤園詩集」跋 李宣龔 青鶴雜誌一卷六期

「濤園詩集」書後 費師洪 青鶴雜誌一卷六期

「崔顥詩集」跋 傅增湘 國立北平圖書館館刊六卷二號

郭茂倩「樂府詩集」跋尾 羅根澤 中大國學叢編一期三册

「清宗室禧恩詩稿」九册跋 洪煨蓮 燕京大學圖報第四期

「熙朝雅頌集」「永忠詩」跋 侯雲圻 燕京大學圖報第十期

「水雲樓詞」跋 龍沐勛 江陰蔣春霖鹿潭作, 暨大文學院集刊第一集

「蓼綏閣詩鈔」「洛河詞」跋 關瑞梧 燕京大文圖報第十二期 按:「蓼綏閣詩鈔」「洛河詞,」均為黃紹箕詩詞。

「許坤符太守詩」後跋 張誠 民彝雜誌一卷二期

「崔顥詩集」跋 傅增湘 國立北平圖館刊六卷二號

書洪蓮生先生「行役詩」後　葉玉麟　青鶴雜誌一卷四期

書「蓼綏閣詩鈔」「潞舸詞」跋後　魏建猶　燕京大學圖報四十二期

題「豐溪處士詩」後　顧皐　民彝雜誌十二期

跋明翻刻宋本「唐百家詩」零本　建猶　燕京大學圖報第十七期

跋「稼軒集鈔存」　因百　燕京大學圖報四十六期

「詞選箋注」自序　天功　兩週評論一卷七期

「歘紅樓詞」跋　葉恭綽　詞學季刊創刊號

「皺水軒詞筌」序　長子　藝觀第四期

按：「詞筌」作者係明丹陽賀黃公著，彼工於倚聲。所著有「紅牙詞」。

沈虹夫「環綠軒詩詞藁」序　談文灯　國學叢選第十三，十四期

「冷紅詞」跋　龍沐勛　暨大文學院集刊第一集

鐵嶺鄭文焯小坡作。

3. 小說集的序跋

中國

「醒世姻緣」序　志摩遺稿　新月四卷一號

「醒世姻緣」讀後感　蔡慕　微音月刊二卷十期

序「逃犯」　田印川　文藝戰線第一期

「逃犯」係張少峯的小說，震東書局出版。

「莫須有先生傳」序　豈明　駢策週刊一卷三期

「莫傳有先生傳」係廢名作的小說。

「奴隸底心」自序　巴金　新時代月刊一卷五期

「逸如」序　馮至　華北日報副刊（十九年一月十九日）

「逸如」係郝蔭潭的小說集。

冰瑩「從軍日記」序　林語堂　春潮月刊一卷三期

「沉」的序　沈從文　天津益世報副刊（十九年三月三日）

「沉」係沈從文的小說集。

「秋之淪落」序　沈從文　新時代月刊一卷三期

「生命的沫」題記　沈從文　現代文學創刊號

這是沈君最近的小說集，裏面包含八個短篇。

「愛的逃避」自序　曾今可　新時代月刊一卷四期

「處女集」付印題記　曾今可　文藝之友三期

「南北極」改訂本題記　穆時英　現代出版界九期

外國

「大地的女兒」序　楊銓　婦女雜誌十七卷七號；「大地的女兒」美史沫特列女士著，

「少年維持之煩惱」序引　郭沫若　文藝論集下卷。

「當代英雄的再班」原序　俄萊芒托夫著　壽山譯　北平華北日報副刊（十八年十月三十日。）

「第四十一」後序　曹靖華　萌芽月刊第二期　按「第四十一」是俄國拉甫列涅夫著的小說書，由未名社出版。

「戰爭與和平」譯者引言　崔萬秋　眞美善季刊一卷一期

4. 劇曲

跋「一笠庵四種曲」　梧軒　清華週刊三十七卷九，十期

跋「斷緣夢雜劇」　梧軒　清華週刊三十七卷九，十期合刊

「清人雜劇初集」叙言　鄭振鐸　北平圖書館館刊五卷二號

「西施及其他」序　顧一樵　國風半月刊十號

重印「夜未央」劇本序文　李石曾　劇學月刊一卷二期

「金錢問題」序　熊佛西　北平晨報劇刊七四期（二十一年六月十二日）

序「黑假面人」　李霽野　莽原二卷一期

按：這是安特列夫所作的戲劇，已有單行本。

5. 歌謠

「山西河東一帶之歌謠集」自序　崔盈科　民俗一六〇期

「江蘇歌謠集」序　鐘敬文　民衆教育季刊三卷一號

「吳歌甲集」序　胡適　國語週刊十七期

「吳歌甲集」序（節錄）　疑古玄同　國語週刊十三期

「吳歌甲集」序　俞平伯　國語週刊十三期

芝秀軒藏本「天籟集」付印題記　婁子匡　中國新書月報二卷二，三號

「歌中之歌」譯序　陳夢家　南開週刊一三一期

二　文學書目　作家著述考附

文學入門書籍推薦　徐調孚　中學生二十四號

中國文學史譯著索引　楊殿珣　讀書月刊二卷六號

中國古今民衆文藝書目提要　陳光垚　文華圖書科季刊三卷四期

三十年來中等學校國文選本書目提要　黎錦熙　師大月刊第二期

論中國文學選本與專籍　佩弦　中學生第十號

二十世紀小說百種　民猶　國聞週報八卷四十四期

中國小說西文譯本選錄　讀書月刊一卷十二號

中譯蘇俄小說編目　蒲稍　現代文學一卷二期（所列目錄止於一九三〇年五月三十一日間）

中國通俗小說提要　孫楷第　國立北平圖書館刊五卷五號

新出小說書目二種　大公報文學副刊二百七十四期（二十二年四月三日）（一）日本東京大連圖書所見中國小說書目提要（二），中國

通俗小說書目　均孫楷第編北平國立圖出版。

談茵夢湖在中國的幾種版本　唯明　中國新書月報一卷十，十一號合刊（一）「憶門湖」唐性天譯，商務版。（二）「茵夢湖」郭沫若錢君胥譯，光華版〇（三）「漪溪湖」朱湘譯，開明版

新書報告　現代出版界七至十一期

中文戲劇書目　應飛編　戲劇雜誌二卷六期

中文戲劇書目（附作家表）應飛編　戲劇雜誌二卷六期

元雜劇總集曲目表　黎錦熙　圖書館學季刊五卷一期

白石道人歌曲旁譜考　唐蘭　東方雜誌二十八卷十九號

作家著述考

湘學新志—星廬　世界旬刊二期　各家的著述—

張衡著述年表　孫文青　師大月刊第二期

姚復莊先生著述考　錢南楊　國立北平圖館刊六卷六號

文學論文索引　附錄　文學書籍的序跋　二九七

徐志摩著述索引　北平圖讀書月刊第三號學術雜訊欄（附於北平文藝界之不幸）

歌德著作編年錄　魏以新　新時代月刊三卷一期

歌德著作版本　魏以新　新時代月刊三卷一期

約翰高爾斯華綏著作編目　惜蕙　現代二卷二期

美國路威士的作品　中國新書月報一卷二號

三　文學書的介紹

論讀關於文學的書　小泉八雲著　宗堯試譯　北平華北日報副刊（十八年五月六，八，十，十三，十五，十七日）

—譯自小泉氏之文學講義—

評「文學入門」　費鑑照　天津益世報文學週刊十一期（二十二年一月十四日）

—方光燾章克標著—

評趙景深編著的「文學概論」　費鑑照　天津益世報文學週刊一期（二十一年十二月二十四日）

該書由北新書局印行，

論段先生「文學概論」之「文學定義」　黃履中　勵學第一期

「文學概論」由中華書局出版，

世界文藝名著介紹 文藝創作講座第一卷——

世界名著介紹 盧伽。天津益世報副刊（十八年一月十二，十九，二十七日。二月二日。三月九，十四，二十四日。）

眞個提綱絜領的「世界文界大綱」——中國新書月報一卷二號——日本木村毅著 朱應會譯 崙崑出版——

「比較文學史」——書報介紹欄 北平圖讀書月刊一卷六號——傅東華譯——

關於中國文藝的論著

插圖本「中國文學史」——北平圖讀書月刊二卷一號書報介紹欄——鄭振鐸著 樸社版——

活文學史之死——王禮錫 讀書雜誌一卷三號——胡適之「白話文學史」批評——

「中國文學概論講話」之介紹——趙眞 中國新書月報二卷一號——鹽谷溫著 孫俍工譯 開明書店出版——

好難得的「中國女性的文學生活」——鐵肩 中國新書月報一卷三號——譚正璧編 光明出版——

介紹一本解決中國文學批評的「中國文學評價」——沈達材 中國新書月報一卷八期——胡懷深著 華通書局出版——

評陳鐘凡著「中國文學批評史」 沈達材 圖書評論一卷五期 該書中華書局發行。

介紹陳著「修辭學發凡」——胡秋原 讀書雜誌二卷十期——陳望道著——

「中國文學體例」談｜新書介紹欄　中華圖協會會報七卷二期｜楊啟高著　南京書店出版｜

「中國文學史簡編」｜中學生三十一號｜陸侃如馮沅君編　大江書鋪出版｜

中國詩史　王禮錫　讀書雜誌第六期
按：詩史著者爲陸侃如馮沅君全書共三冊，上中兩卷現已出版，出版處爲上海大江書鋪。

讀「中國詩史」　窮書生　新書月報一卷八號

評陸侃如馮沅君的「中國詩史」　浦江青　新月四卷四期

李著「詩史」匡謬　翟士林　清華週刊三十八卷四期

「樂府文學史」｜中華圖協會會報七卷五期新書介紹欄｜羅根澤編　北平文化學社出版｜

「宋詩研究」之書後　隱雲　中國新書月報一卷九號｜胡雲翼著　商務印書館出版｜

青木正兒的「支那近世戲曲史」　陳子展　現代文學一卷六期
原書定價日金七圓，東京弘文堂發賣。

爲「長吉生平的考證」質王禮錫君　李嘉言　文學月刊三卷一期

「唐代女詩人」｜湯塙敫　當代文藝一卷五期｜陸晶清女士著　神州國光社出版｜

談談「唐代女詩人」　用宜　中國新書月報二卷七號

「現代的評傳」　白苧　新月四卷三期　—現代書出版—

評「現代中國女作家」　守初　南開一二一期　—黃英編　北新書局印行—

「漢書藝文志舉例」　雁晴　武大文哲季刊一卷一期　—孫德謙著　商務印書館代售—

讀「白雨齋詩話」　春痕　微音月刊二卷四期　—清丹徒陳廷焯字亦峰著—

散曲叢刊　顧君誼　人文月刊二卷六期　—任中敏編　中華書局出版　每部價十四元—

評王易「國學概要」　師夷　大公報文學副刊二百五十期（二十一年十月十七日）　神州國光社版

新書一瞥　李摩等　現代小說三卷一，二期

書報評論　王重民　北平益世報副刊（十八年二月二日）

我所見一九三〇年之幾種刊物　烽柱　文藝月刊一卷四號

社會雜觀　魯迅等　萌芽月刊第一至五期
內容：多批評關於近代作家及其著作，以及各種雜誌刊物。

中國文學書籍之批評與編選　恬廬　公教青年會季刊二卷一期

「中國文學論集」默之　當代文藝一卷三期　—鈴木虎雄著　孫俍工譯　神州國光社出版—

日人代庖的「中國文學論集」一岳　中國新書月報一卷六，七合刊　—汪馥泉譯　神州國光社版—

「中國新文學的源流」大公報文學副刊二百四十七期（二十一年九月二十六日）　—周作人著　人文書店發行—

評周作人的「新文學源流」中書君　新月四卷四期

「中國新詩壇的昨日今日和明日」蠢　戲劇與文藝一卷七期　—草川未雨著　北平海音書局發行—

「中國文藝論戰」桐華　現代文學創刊號　—李合林編　北新書局出版—

評「文藝自由論辨集」李麟生　文學週刊二十三期天津益世報四月二十九日　—蘇汶編　現代書局發行—

評郭沫若的「創造十年」楊凡　微音月刊二卷九期　該書由現代書局發行

評「創造十年」般乃　北平晨報學園四二六號（二十一年十二月八日）

讀「創造社」張資平　絜茜月刊創刊號　—給王獨清漏了幾件歷史的事實的補遺—

讀「作文講話」楊昌溪　青年界一卷三期　—章衣萍著　北新書局出版—

「小品文研究」棠臣　新月四卷三期書報春秋欄　—李素伯編　新中國書局出版—

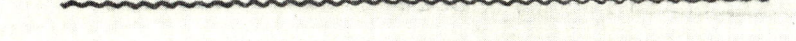

周作人氏的散文 健和 清華週刊三十四卷八期

談「澤瀉集」 契闊 北平華北日報副刊（十八年五月二十日）

按：「澤瀉集」係周作人的散文集

「三間集」 長之 北平晨報學園四二八號（二十一年十二月十三日）

—魯迅最近的雜感散文集—

零金碎玉的「朝華夕拾」 趙眞 中國新書月報二卷八號

—魯迅著未名社出版—

諷刺性十足的「野草」 趙豔如 中國新書月報二卷六號

—魯迅著北新書局出版—

「寒夜集」 晴川 當代文藝一卷三期

—彭芳草著神州國光社出版—

讀靈鳳小品集 湯增敭 慧星半月刊一卷五期

評豐子愷的「緣緣堂隨筆」 陳子展 青年界二卷一號

含有刺激性的「散沙」 俞斯錦 中國新書月報二卷二，三號

—高山作開明書店版—

「戰時日記」的批評 吳家盛 中國新書月報二卷八號

—王錫禮著上海神州國光社出版—

關於外國文藝的譯著

瞿然的「歐洲最近文藝思潮」 默之 現代文學評論創刊號

該書由現代書局印行

評「歐洲近代文藝思潮」費鑑照　天津益世報文學週刊七期（二十一年十月十七日）

—呂天石撰—

謝六逸的「日本文學史」湯增敭　現代文學評論創刊號

該書由北新書局出版

「西洋文學鑒賞」清河　中國新書月報二卷二期

—孫寒冰　伍蠡甫編　黎明書局出版—

評「西洋文學」天津益世報文學週刊十六期（二十二年二月二十五日）

—方璧著　世界書局出版—

「西洋文學名著選」方重　圖書評論一卷五期

—伍蠡甫　孫寒冰合編　黎明書局出版—

評金石聲「歐洲文學史綱」費鑑照　大公報文學副刊二百三十九期（二十一年八月一日）

該書神州國光社發行。

評「法國文學史」費鑑照　天津益世報文學週刊二期二十一年十月十二日

—徐霞村編　北新書局出版—

評「英國文學研究」蓮子　天津益世報文學週刊十五期（二月十八日）

—小泉八雲著　孫席珍譯　現代書局印行—

評「現代英吉利謠俗及謠俗學」朱自清　文學雜誌二號

—江紹源編譯—

買了「世界文學家列傳」以後　夢仙　中國新書月報一卷三號

—孫俍工著　中華書局出版—

評「現代英國詩人」—費鑑照著 新月書店出版—蓮子 天津益世報文學週刊二十六期（二十二年四月二十日）

評「歌德之認識」—宗白華 周冰若編 南京鐘山書局發行—梁實秋 天津益世報文學週刊十四期（二十二年二月十一日）

讀「辛克萊評傳」後的一種感想—孫席珍譯 神州國光社出版—清明 中國新書月報一卷三號

論「波華荔夫人傳」—法國弗洛倍爾著 李青崖譯—應普漢 中國新書月報二卷八號

關於幾本紀念斯各脫百年祭的出版物 H. Gnman 著 陳易譯 微音月刊二卷七，八期合刊

一個蘇俄的書史—幾本書籍的介紹和批評— 叢杉譯 南開週刊一二六期

關於道斯退易夫斯基幼年的一部重要著作 杜若 東方雜誌二十八卷二十號

評「英雄與英雄崇拜」—嘉萊爾著 曾虛白譯 商務版—蓮子 天津益世報文學週刊十九期（二十二年三月十八日）

辛克萊爾的「拜金藝術」 圖書評論一卷五期（郁達夫曾譯此書陸續登於北新半月刊）

「阿Q正傳」的譯文—松浦珪三月譯 東京白楊社出版—少仙 青年界二卷二號

George Sonlie de Morant 在 1912 譯「金瓶梅」爲法文．

「金瓶梅」法文譯文 李辰冬 大公報文學副刊二百二十五期（二十一年四月二十五日）

「蘇文選譯」大公報文學副刊二百十四期（二十一年二月十五日）英 Cyril Drummond le Gros Clark 在 1931 譯蘇東坡文爲英文

法國新聞記者夏東尼之「中國遊記」大公報文學副刊二百五十八期（二十一年十二月十二日）

原名"Chine"在巴黎 Priesle 書店出版

「韓國文苑」大公報文學副刊二百五十八期（二十一年十二月十二日）——韓國志士趙素印編　槿花學社發行大公報代售。——

四、文學家的介紹

歌德的簡單介紹　張君川　清華週刊三十五卷四期

介紹英國桂冠詩人和他的「西風」方重　現代學生一卷一期

按：約翰梅思非（John Masefield）是當今英國的桂冠詩人

麥士斐——英國的新桂冠詩人　梁據　東方雜誌二十七卷十三號

介紹一位塞爾比亞的現代詩人 Vovanovitch 作　霍佩思譯　清華週刊三五卷一期

介紹蘇聯女作家賽甫里娜　愈之　文學週報一九七期（在一九二二年至一九二五年間新俄文壇著名作家之一）

五、文壇消息

1. 世界的文壇

文壇消息　趙景深　微音月刊二卷九期

文壇消息　記者　橄欖月刊二十，二十二期

文壇消息　讀書月刊二卷二期

文壇消息　張光人　楊昌溪等　青年界一卷一期至五期

文壇消息　新壘月刊一卷二至五期

文壇消息　中國新書月報一卷一期三號至二卷八號（內分爲國外和國內兩部）

文壇消息　北平晨報時代批評九，十四期（二十一年四月二十日。五月二十五日）

文壇近況　北平晨報時代批評二，十三期（二十一年三月三日。五月十八日）

文壇雜訊　北國月刊一卷三期

文壇雜話　黃紹年　東方文藝一卷三期

文壇情報 樾覽月刊三十期

文藝消息 冰流一期

文藝情報 文學月報一卷三，四期

文藝情報 文藝月報創刊號

文藝情報 新大衆創刊號

文藝情報 東方雜誌二十九卷一，二號

文藝情報 民鋒半月刊一期

文藝情報 文藝月刊三卷七，八期

文藝情報 楊昌溪 文藝月刊三卷十期

文藝近訊 現代一卷一期

文藝界消息 萌芽月刊第四期

十年來的世界文壇 汪倜然 世界雜誌增刊號

世界文壇　錚錚　大陸雜誌一卷一至八期
世界文壇消息　新壘月刊劇刊號
世界文壇情報　楊昌溪　青年世界一卷一期
世界文壇漫話　偶然　世界雜誌一卷一期
世界文壇及其他　漫鐸　大陸雜誌一卷十期
世界文藝新聞　新興文化月刊七期
世界文藝新聞　新地月刊六期
世界文藝情報　藝術一月號，二月號
世界最近的文壇　潘修桐　新時代月刊三卷一，二期
國際文壇情報　時甫　矛盾月刊二期，三，四期合刊
國際文壇新訊　華蒂　北斗月刊二卷一，三，四期
國際文壇新事　林易　讀書月刊二卷三期

國際文藝情報　尹澄之　文學雜誌二號
著述界消息　讀書雜誌一卷一至六號
藝文情報　現代創刊號至六期
最近的世界文壇　楊昌溪　現代文學創刊號至六期
最近的世界文壇　汪倜然　前鋒月刊六，七期
最近世界各國文壇之主潮　荻原　讀書雜誌一卷二，三，六號
現代文壇　V.C.　現代小說三卷一，二期
現代世界文壇逸話　楊昌溪　現代文學評論一，二，三期
現代世界文壇新話　汪倜然　現代文學評論一卷二，三期
現代文壇雜話　趙景深等　小說月報二十一卷一至十二號
世界各國出版的統計　鄭竹農　中國新書月報一卷三號

2. 中國的文壇

文壇消息　新時代月刊創刊號至六期。二卷一期
按：這完全都是關於中國文壇的消息
文壇消息　步白　南風月刊一卷一期
文壇近訊　秀常　天津益世報語林（二十一年十月二十三，二十五日）
文壇情報　秀常　天津益世報語林（二十一年十月二十四，二十六日。十一月十八日。十二月二十六日，）
文壇情報——國內之部　力昂　橄欖月刊二十五至二十九期
文壇小話　壘手　小說月刊一卷三期
文壇茶話　高明　讀書月刊二卷一；二期
中國著述界消息　讀書雜誌一卷一，二，三號
國內文壇消息　記者　文藝生活第一，二，三號
國內文壇消息　讀書月刊二卷三期
國內文壇消息　雲裳　新時代月刊三卷一，二期
國內文壇雜訊　戒　黃鐘一卷一至三期

國內文藝消息 萌芽月刊第五期

現代中國文壇雜訊 濕彬等 現代文學評論一，二期

現代中國文壇逸話 德娟等 現代文學評論一，二，三期

出版界消息 中國新書月報創刊號至二卷八號

出版界消息 現代出版界九期

出版界消息 讀書月刊二卷二期

出版界 圖書評論一卷一至五期

出版界雜話 篠森 讀書與出版創刊號

出版界五則 現代出版界八期

上海文壇近況 Vislet 北平晨報學園二三八，二四一號（二十一年正月二十六日二月一日。）

上海的出版界 克斯 北平晨報學園八二號（二十年四月二十三日）

上海的出版界與文壇 斯克 北平晨報學園六四，九六，一一七號（二十年三月二十七日。五月十五日。六月十九日）

四川的出版界的雜談　曾哥鵬　中國新書月報一卷十二號

無錫一年來之出版　放　無錫圖協會會報二期

3. 日本的文壇

日本文壇消息　雲裳　新時代月刊三卷一期

一九三一年的日本文壇　朱雲影　讀書雜誌二卷一期

一九三一年的日本文壇　華蒂　北斗月刊二卷一期

日本新興文化聯盟的成立　詩人　開拓半月刊一卷七期

日本左翼文壇最近之崩拆與集合　文藝新聞第十一期

4. 歐美的文壇

文藝情報——國外之部　橄欖月刊二十五至二十九期，三十一期

文壇情報　現代文藝一卷二期

國外文壇消息　記者　文藝生活二，三號

國外文壇消息　趙景深　小說月報二十二卷一至十二號

國外文壇消息　潘修桐　新時代月刊三卷四期

國外文壇近訊　岩蒲等　東方雜誌二十九卷八號

國外文藝通信　現代三卷一期

歐美文壇雜訊　大公報文學副刊二百三十四期（二十一年六月二十七日）

歐美文壇雜訊　大公報文學副刊二百四十三，二百四十五，二百四十六，二百五十三期（二十一年八月二十九日。九月十二，十九日。十一月七日。）

世紀末英法文壇　蕭石君　文藝月刊一卷二期

英國文壇之現在　本間久雄著　于思譯　天津益世報學術週刊（十八年五月二十日）

最近的愛爾蘭劇壇　老馬　世界雜誌一卷三期

一九三〇年的法國文壇　第波德作　顏歆譯　小說月報二十二卷三號

按：這是法國近代著名的批評家，亞耳伯第波德（Alber Thibaudet）於一九三一年在法國巴黎「天眞週刊」上發表的短文

巴黎文壇和新聞事業的寫眞 薇卿 國聞週報七卷三十六期

巴黎藝文逸話 玄明 現代創刊號至六期

最近德意志的文壇 郁芬 讀書雜誌一卷九期
內容：(一)左翼文學的興隆(二)戰爭小說的洪水，(三)寫實主義的抬頭，(四)最近的作家。

德國劇壇與俄國影壇 村 北平晨報劇刊一一二期(二十二年二月十九日)

新西班牙劇壇情報 楊村彬 北平晨報劇刊一一一期(二十二年二月十二日)

俄國革命後之初期文壇 拉夫林作 儲安平譯 眞美善月刊七卷三號

蘇聯出版界之發達與速度 文藝新聞二十號

美國現代文壇概況 克修 現代小說三卷一期

美國文壇短訊 山風大郎 青年界一卷五期

美國文壇雜訊 山風大郎 青年界二卷一號

一九三〇年的美國文壇 山風大郎(美國通信) 青年界一卷二期

5. 現代各國文學家生歿彙誌

民國二十一年中國文人誕生紀念 大公報文學副刊二百十一期（二十一年一月二十五日）

民國二十二年中國文人紀念表 大公報文學副刊二百六十六期（二十二年二月十八日）

北平文藝界之不幸 北平圖讀書月刊第三號 學術雜訊欄（紀民國二十年十二月間先後逝之文學家，附志摩著述索引）

民國二十一年十月間歐美文人逝世彙誌 大公報文學副刊二百五十期（二十一年十月十七日）

民國二十一年十二月間歐美文人逝世彙誌 大公報文學副刊二百五十八期（二十一年十二月十二日）

民國二十一年美國文人生歿紀念表 大公報文學副刊二百十九期（二十一年三月十四日）

民國二十一年英國文人生歿紀念表 大公報文學副刊二百十八期（二十一年三月七日）

英國二著名作家逝世 華君 中學生三十三號

民國二十一年德國文人生歿紀念表 鄭壽麟製 大公報文學副刊二百三十期（二十一年五月三十日）

民國二十一年法國文人生歿紀念表 大公報文學副刊二百二十五期（二十一年四月二十五日）

民國二十二年法國文人生歿紀念表 大公報文學副刊二百六十三期（二十二年一月十六日）

6.文藝雜記

文藝雜記，一 艸 北平晨報學園二五〇，二五一，二五二號（二十一年二月十九，二十二，二十三日）

附記——文藝雜訊 晦 沉鐘十四期至十九期

文藝隨筆 橄欖月刊二十八，二十九，三十期

走到出版界 北平晨報時代批評十七期（二十一年六月十七日）

先天不足後天失調的現代出版界 古猝鋒 華狷公 中國新書月報一卷六，七期合刊

各國出版法概論 費哲民 中國新書月刊二卷二至五號

昨日今日與明日的新書業 若虛 中國新書月報創刊號

書與作者 施蟄存 現代二卷三，四，五期

上海作家 岳林 小說月刊一卷三期

社中日記 施蟄存 現代二卷三，四，五期

中國文壇一瞥脚　謝道平　橄欖月刊二十四期
劇運片片　陳豫源　北平晨報劇刊七九期（二十一年七月十七日）
文士的避客術　楊昌溪　橄欖月刊二十五期
文人的怪癖　力昂　橄欖月刊二十五期
文學家的死　何雙璧　橄欖月刊二十五期
文學家與女性的足　力昂　橄欖月刊二十五期
詩人的同性愛　力　橄欖月刊二十七期
世界著名作家成功談片　楊昌溪　新時代月刊二卷一號
托爾斯泰作品的分期展覽　華君　中學生三十三號
諸貝爾獎金小史　佐木華　現代文藝創刊號
諸貝爾文學獎金　十　小說月刊一卷二期
一九三〇年的諸貝爾文學獎　錢歌川　青年界一卷一期

關於一九三二年的諾貝爾獎金　大陸雜誌一卷十期

一九三二年諾貝爾文學獎金卒給與英國小說家兼戲劇家高斯華綏　宏告　大公報文學副刊二百五十六期（二十一年十一月二十八日）

高爾斯華綏得諾貝爾文學獎金　華君　中學三十一號

在波蘭——筆會第八次年會紀事——　郭子雄　新月月刊三卷三號

在荷蘭——筆會第九次年會紀事——　郭子雄　新月四卷一號

遊佛蘭克府觀葛德生宅記　吳宓　大公報文學副刊二百三十期（二十一年五月三十日）

德國怎樣紀念「歌德年度」　姜公偉　北平晨報學園二六七號（二十一年三月二十二日）

紀念歌德消息　冰森　北平晨報學園二六七號（二十一年三月二十二日）

英國文壇探勝記　柳無忌　南大週刊一三七，一三八期合刊（一）緒論，（二）倫敦，（三）莎翁故鄉，（四）附錄。

蘇俄劇界聞人信息　村　北平晨報劇刊九二期（二十一年十月九日）

高爾基文壇生活四十年紀念在俄國　聶紺弩　小說月刊一卷二，三期

六、藝術

1. 通論

一般藝術學　朱介民　文藝創作講座第一，二卷

藝術　林予叢　二十世紀第一卷一期
內容：（一）序言，（二）藝術底本質，（三）藝術底發生，（四）藝術底發展，（五）藝術底功用，（六）結論。

藝術　John Galsworthy 原著　李壽野譯　莽原第二卷二期
譯自 The Iun a Tranquity

藝術概論　彭信威　讀書雜誌一卷九期
內容：（一）藝術與美，（二）藝術的範圍和分類，（三）藝術與其他文化要素的關係，（四）藝術在社會上的機能，（五）藝術是不是絕對的。

藝術短論　石人　突進一卷二期

藝術叢著　壽彌石工　天津益世報藝術週刊（十八年九月二十，二十四日．十月一，八，十六，二十三，三十日。）
按：本文內論及詞學一段，頗有獨到處。

藝術箴言　郎魯遜　文藝茶話一卷四期

藝術趣話　陳治策等　戲劇與文藝一卷七至十一期

藝術漫譚　汪亞塵　文藝茶話一卷二期

藝術瑣談　溫肇桐　學生文藝叢刊七卷一期

藝術的評價　郭沫若　文藝論集下卷

藝術哲學大綱　英R.G. Collingwood作　春冰譯　萬人雜誌一卷三，四期

關於藝術幾點意見　侯鶩鳳　厦大週刊三〇五期（十二卷十四期）

我也來談談藝術　子經　河南第十一中學校三十週年紀念號

論藝術　李俊夫　河南第十一中學三十週年紀念號

論藝術　R.Ortudoks著　適夷譯　讀書月刊二卷四，五期

藝術就是社會現象　魯納卡斯基著　貝克文譯　摩爾寧月刊創刊號

社會科學的藝術觀　長谷川　文藝生活第一號

藝術社會學之任務及諸問題　弗理契作　雪峯譯　萌芽月刊第一，二期

藝術科學論　Mare-Iekowicz著　勺水譯　樂羣月刊二卷十號
目錄：（一）到藝術的科學去，（二）觀念論的藝術觀，（三）社會學的藝術觀，（四）佛羅意德的藝術觀，（五）馬克斯主義的藝術觀，（六）結論。

藝術的科學批評論　謙弟　新時代月刊一卷四，五，六期

藝術的眞實性　楊晉豪　中央大學半月刊二卷二期

藝術與存在的關係　Guory Plechanov著　沈起予譯　微音月刊二卷六期

藝術學之目的與方法　德格洛綏著　汪馥泉譯　創化一卷一號

藝術之單純化與圖案　孫行予譯　亞波羅三期

藝術盛衰漫談　林文錚　亞波羅十期

由藝術之循環律而探討現代藝術趨勢　林文錚　亞波羅六期

論藝術批評　李安宅　北平晨報學園一三四，一三五，一三六號（二十年七月十七，二十，二十一日）

關於藝術作品底評價問題　藏原羅人著　王集叢譯　北國月刊一卷二期

古代世界的藝術　V.F.Calverton　杜衡譯　兩週評論一卷十期

東方藝術之生命　汪亞塵　文藝茶話一卷一期

集團藝術　美國辛克萊作　余慕陶譯　東方文藝創刊號

意大利文藝復興與我國今日之藝術　趙人麐　亞波羅九期

黑格爾之藝術哲學　胡秋原　讀書雜誌第一卷九期（關於黑格爾之美學——文學見解筆記）

郭果爾的藝術　日本岡澤秀虎作　東聲譯　文藝月刊第二卷十一，十二合期

托爾斯泰的藝術學說　小泉八雲講　有熊譯　北平華北日報副刊（十八年六月二十七，二十八日）

按本篇譯自 "Life and Literature"

伊里幾的藝術觀　列裘耐夫原著　沈端先譯　拓荒者一卷二期

盧那卡爾斯基藝術論批判　賁陀　讀書雜誌十一，十二期合刊

蒲力汗諾夫論藝術之本質　胡秋原　現代文學創刊號

樸列汗諾夫與藝術之辯證法底發展問題　佛理采著　胡秋原譯　讀書雜誌二卷九期

康德關於藝術的名言　楊丙辰譯　鞭週週刊二十一，二十三期

克羅契的藝術論　李辰冬　睿湖第二期

Bukarin論藝術　武者　明天二卷五期

高爾士倭斯論藝術　希　晨星半月刊第二期

羅斯金論藝術　思文　南大半月刊第一期

士民藝術論　石川三四郎著　毛一波譯　新時代月刊一卷三期

歌德之藝術觀　胡雪譯　讀書雜誌二卷四期
譯自金子馬志的「藝術發達觀」

表現主義的藝術　日本北村喜八著　張資平譯　當代文藝一卷一，二，三期

普羅列塔利亞藝術發達史概論　日小宮山明敏著　楊冲嶼譯　新地月刊一卷一期

浮士德與近代藝術　莘林　暨大文學院集刊第一集

杜思托也夫斯基與現代藝術　郭安仁譯　新時代月刊二卷二，三期合刊

最近藝術上的機械美　許辛三譯　藝術二月號

機械美　板垣鷹穗作　陳望道譯　當代文藝一卷三期

近代藝術 張克誠 民衆生活七期
現代藝術 劉海粟 藝術一月號
現代藝術的要素 汪亞塵 文藝茶話一卷五期
舊藝術與新藝術 陳之佛 新學生創刊號
新興藝術解說 村山知義 吳承均譯 微音月刊九，十合期
內容：未來派，立體派，表現派，抽象派，Suprematisme, Dadaisme
新藝術運動的必要 毛一波 萬人雜誌一卷四期

2. 藝術的起源和意義

藝術的起源 Reinack原著 洪晴譯 長星半月刊第二期
藝術底起源 德格勞賽著 武思茂譯 小說月報二十一卷十號
藝術的起源 劉穆譯 北新半月刊四卷十四號
藝術之起源 馬彥祥 北平晨報劇刊八〇期（二十一年七月二十四日）
藝術底起源及對於人生的價值 許可 文藝戰線第六，七期

藝術原於勞働動律　石更　時代文化一卷一期

原始人類的藝術　林風眠　亞波羅二期

關於藝術的意義——德國霍善斯坦因作　侍桁譯　萌芽月刊第五期
——譯自日譯的「造型藝術社會學」——

古代藝術之社會的意義　Calverton 著　傅東華譯　小說月報二十一卷七號

從亞波羅神話談到藝術的意義　林文錚　者亞波羅一期

3. 藝術與其他

自然與藝術　郭沫若　文藝論集下卷

自然在藝術上的權力　唐雋　東方雜誌二十八卷二，十三號

美與藝術有關係嗎　陳爾康　藝術與教育一卷三期

藝術與人生　華林　暨大文學院集刊第一集

藝術與人生　梁家模　學生文藝叢刊七卷一期

藝術與生活　任白戈　二十世紀一卷四期

藝術與生活　李道常　醒鐘一卷一期

藝術與生活　茹纛之　醒鐘一卷四期

藝術與大衆　方光纛　文學月報一卷二期

藝術與社會　G. Valentine 著　斐思春譯　突進雜誌一卷八，九期

藝術與社會主義　法國朱黑斯（Jarues）著　曾仲鳴譯　南華文藝一卷三期
按：（Jarues）是一個博愛而富於同情心的文人

藝術與科學　林子叢　二十世紀一卷二期

藝術教育與科學教育　熊佛西　天津益世報副刊（十八年十一月一日）

精神分析學與藝術　佛理采著　胡秋原譯　讀書雜誌二卷六期

哲學與藝術　天愚譯　藝風一卷一期

藝術與宗教儀式　梁實秋　新月四卷一期

藝術與痛苦　竇重先　民衆生活七期

藝術與賞鑑　汪亞塵　文藝茶話一卷六期

藝術與思想　王集叢　讀書雜誌三卷二期

藝術與道德　王德儉　北平晨報時代批評十一，十二，十三期。（二十一年五月四，十一，十八日）

藝術與宣傳　熊佛西　戲劇與文藝一卷七期

弗洛伊特主義與藝術　弗理契著　周起應譯　文學月報第一號

理想主義與藝術　金子馬治著　胡雪譯　新壘二月號

資本主義與藝術　德國梅林克著　雪峯譯　文藝研究一卷一本——據川口浩底日譯重譯——

帝國主義和藝術　曉風譯　藏源惟人作　微音月刊一卷九，十合期

革命與藝術　林風眠　亞丹娜一卷七期

革命與藝術　魯納卡爾斯基著　白文峯譯　摩爾寧月刊一卷二期

革命與藝術之曲線的聯繫　Lunacharrky 作　毛騰譯　矛盾月刊三，四合刊。

運動與藝術　林文錚　藝風一卷一期

機械與藝術　石濱知行著　汪馥泉譯　現代文學一卷三期

儀式與藝術序 于鶴年 朝華月刊二卷三期
作者係按照英國哈里孫女士(J.E.Harreson)的古代藝術與儀式編纂而成。內容係討論關於藝術的性質與機能方面的問題

儀式與藝術 于鶴年 朝華月刊一卷五，六期。二卷一，二合期三期
全書內容：(一)緒言，(二)原始的儀式，(三)時季的儀式，(四)希臘頌神歌的研究上，(五)希臘頌神歌之研究(下)，(六)儀式與希臘戲劇上，(七)儀式與希臘戲劇(下)，(八)儀式與希臘雕刻，(九)結論。

4. 藝術家 藝術家生卒日歷附

藝術家 曾覺之 藝風月刊一卷四期

藝術家的地位 英國彌而恩作 季肅譯 眞美善月刊七卷一號

藝術家的團結與修養 佛西 天津益世報藝術週刊(十八年七月十六日)

藝術家的修養 汪亞塵 文藝茶話一卷三期

藝術家的熱情與同情 李寶泉 南華文藝一卷三期

藝術家的生活問題 毅然 藝風月刊一卷四期

藝術家與社會的關係 法國 Paul Jamot 著 顥頑譯 南華文藝一卷一號

藝術家能脫離社會嗎　有麟　藝風月刊一卷四期

藝術家的離婚問題批評　平林初之輔作　丁鴻勛譯　南開週刊九十九期

藝術家與革命家　郭洙若　文藝論集下卷

世界藝術家生卒日歷　謝海燕　藝術一月號，二月號

本書所收十七年至二十二年五月間期刊一覽

民國十七年（西歷一九二八）

期刊名	創刊日月
文藝生活	三、一・
天津大公報文學副刊	一、十・
民俗	三月
民彝	一、一・
采社雜誌	七月
現代文化	八月
新月	七月

豬籠月刊	八、一五・
戲劇月刊	六月

民國十八年（西歷一九二九）

期刊名	創刊日月
中央大學半月刊	十月
中華公教青年會學刊	九月
文學叢刊	
民鳴月刊	五月
北新半月刊	八月
春笋季刊	五月
晨星	一一、一・
現代小說	一月

朝華月刊	十二月
新興文化	八月
睿湖	六月
勵學	
戲劇雜誌	九月
戲劇與文藝	五月
藝觀	三月

民國十九年（西歷一九三〇）

期刊名	創刊日月
巴爾底山	四、八、
中學生	二、一五、
中國新書月報	十二月

文藝月刊	八、十五。
史學雜誌	三月
北平晨報劇刊	一二、二一。
北平晨報學園	一二、一七。
河南大學文科季刊	一月
河南一師期刊	七月
東北叢鐫	
協大季刊	一二、二。
前鋒月刊	十月
師大國學叢刊	十一月
現代文學月刊	六月
現代學生	十月

無錫國專學生自治會季刊	一二、二.
萌芽	一、一.
萬人雜誌	四、一.
齊大月刊	雙十節
詩刊	一二、一八.
橄欖月刊	九、十一.
學文	十一月
學風	五、一五.
學舌	三、一六.
藝術月刊	

民國二十年(西歷一九三一)

期刊名	創刊日月

二十世紀	二、一．
中大國學叢編	，五月
中法大學月刊	十一月
中國雜誌	九月
文理	六、一．
文學月刊	四、一二．
文藝雜誌（柳子亞等主編）	四月
文藝研究	二、一五．
文藝新聞	三、一六．
文藝戰線	九、一五．
文藝創作講座	六月
北斗	九、二〇．

北大週刊　二、一。
世界雜誌
兩週評論
私立無錫國學專修學校叢刊　一月
亞丹娜
青年界　三月
南風半月刊　四月
重華月刊　五月
草蟲旬刊　六月
時代文化　九月
國語週刊
現代文學評論　四、十。

現代文藝	四月
現代學術	八月
現代月刊	七、七．
進展	八、一五．
開拓	十、一．
搖籃	一月
微音	三、一五．
當代文藝	七月
新學生	
新時代半月刊	五月
新時代月刊	八月
圖書評論	四、一．

廣東中山大學文史研究所輯刊	七月
暨南大學文學院集刊	一月
摩爾寧	雙十節
醒鐘月刊	七月
歸納學報	四月
讀書雜誌	四月

民國二十一年(西歷一九三二)

期刊名	創刊日月
大戈壁	一、一六.
大陸	七、一.
小說月刊	十、一五.
女師學院季刊	一二、五.

文化雜誌	九、三一．
文學月報	六、十．
文學年報	七月
文藝之友	
文藝茶話	八、一五．
天津益世報語林	十、一五．
天津益世報文學週刊	一一、一五．
天津益世報戲劇與電影	一一、九．
民衆生活	五、十．
民衆教育季刊	八月
民鋒半月刊	十一月
北大學生	六、一．

北國　九、一．
北平晨報時代批評　二、二四．
平明雜誌　五月
矛盾月刊　四、二十．
自强月刊　十、一．
先導半月刊　一二、一六．
安徽大學月刊　二、五．
百科雜誌　七月
沉鐘
金陵學報　五月
青年世界
南華文藝　一、一．

南方雜誌	六、一．
協大學術	四月
珊瑚半月刊	七月
師大月刊	一一、一．
時代公論	四月
黃鐘	十、三．
海濱文藝	六、一五．
國立浙江大學季刊	一月
國學彙編	五月
國風半月刊	九、一．
現代	五、一．
現代出版界	一一、一．

民國二十二年（西歷一九三三）

期刊名	創刊日月
創化雜誌	五、一、
廈大學報	十二月
電影與文藝	一二、二三、
新地月刊	一、二、
新創造半月刊	四、一六、
廣西青年	雙十節
劇學月刊	一月
獨立評論	三、二三、
戲劇叢刊	一、八、
鞭策週刊	三、七、

大聲	四、一．
中庸半月刊	三、一．
文化季刊	一、三一．
文學雜誌	四、一五．
文藝月報	六、一．
冰流	一、一．
東方文藝	一、一五．
東聲雜誌	一、十．
東吳	四月
南大半月刊	四、二八．
南音月刊	二、一．
前途雜誌	一、一．

彗星	一、一．
國立中山大學文史研究所月刊	一、一五．
國際文化雜誌	四、十．
絜茜	一、一五．
詞學季刊	四月
齊大季刊	
楓葉	
新大衆	四、九．
新中華	一、十．
新壘月刊	一、十．
藝術	一月
藝風	一月

後記

廿二年春，余就職國立北平圖書館索引組，任編輯文學論文索引續編國學論文索引三編事。既次第寫定，又閱時數月，而文學論文索引續編始印訖。余纂輯此書，意在賡續前編；前編止於民國二十年八月，余乃就本館所有雜誌，參以北平各大圖書館所收藏，截至二十二年五月，共搜得雜誌日報百餘種，近二年來關于文學之譯著，略備於是矣！讀者倘按類求目，按目求篇，無不得也。至本編體例，大體依照前編，惟子目略有增減，已詳例言，茲不贅。至國學論文索引三編，稍事補苴，即付印。

余初事編輯，見聞固陋，幸蒙王重民先生諸爲指示，得續成斯篇。仍當繼續努力，冀爲研究文學諸君子涓埃之助，希讀者加以諒察，是爲至幸。廿二年十一月十日劉修業謹記於北平中海。

國學論文索引三編 出版預告

劉修業女士編

本館自編輯國學論文索引，由中華圖書館協會印行以來，頗蒙社會學人所贊許。「初編」已再版，「續編」存書已無多。此「三編」既寫定後，即屢蒙 讀者函詢「何時出版；」茲又遷延數月，尚未付印，實深歉仄！唯因此種工具書，「時間性」頗爲重要，擬將民國二十二年五月至十二月間所有出版雜誌，就原稿再爲補入，於「時間」上亦告一段落，想 讀者必能原宥，而樂爲等待！今年三四月間，必能出書也。國立北平圖書館索引組敬啓。 廿三年一月。

勘誤表

頁數	行	字	誤	正
一	三	小字	D倒置	D
二	一	小字二行	索	素
四	五	小字	G.V.	G.V.
五	十	小字一行	團集	集團
六	二、三兩行	七	間	閒
九	八	小字二行	著	着
一二	二	九	脫「觀」字	面面觀
一四	一一	四、五兩字	文上的流派	文藝的諸流派
一四	一三	小字二行	落後	沒落
一五	一一	小字二行	精，神	精神，
一五	一三	小字二行	興	與

一八	二	六	班	斑
一八	五	小字	與	與
二三	四	小字二行	(三)	(一)
二四	八	小字二行	六月三十日	六月二十九日
二四	九	小字	脫「遐」字	錦遐譯
二七	一一	五	脫「生」字	先生
二九	一一	小字	次序錯置	天津益世報副刊（十八年十二月三日）
三四	九	四	漫	謾
三五	一一	小字二行	七日	十一日
三七	三	十	詳	評
四四	六	小字	（（））	（「」）
四九	五	小字	二十九日	二十八日
五一	三	小字二行	Cahut0b	Calvertno

五二	七	二	學	藝
五三	八	小字	數	歌
五六	二	小字二行	紿	應刪去
六五	一一	二	極	標
六八	一一	小字	二期	一期
七三	九	小字	北晨	應刪去
七五	七	小字	Hirscnfeld	Huschfeld
八三	三	小字	二十年	二十一年
八五	一	一、二兩字	歌詩	詩歌
八五	十	小字	Oliye	Olive
九六	一	三	詞	嗣
一〇二	六	小字	脫「恂」字	錢恂春
一〇二	十	小字二行	華第二字	應刪去

一〇三	九	小字二行	70190A.D.	70B.C.生
一〇六	十	五	申	甲
一一〇	六	六	偺	的
一一一	五	四	厚	原
一一六	三	小字	協	會
一二三	十	小字一行	脫「肇」字	肇恪
一二九	八	小字	賀第二字	斧
一三一	五	小字二行	劇第一字	應删去
一三九	九	小字一行	苹	華
一四一	八		與楡生論急慢書曲	應删去
一四二	七	五	狥	狗
一四三	六	六	麟	鱗
一五三	七	六	活	話

一六二	三	小字	R.Leuvisohn	L.Leuvishn
一六二	七	小字一行	二十一	十七至二十二日
一八五	九	九	似	傾
二〇七	九	小字	立	書
二二七	十	五	脱「漱」字	漱石
二二七	十	小字	脱「一」字	二十一卷
二二七	十二	二	材	村
二二八	十	三	脱「龍」字	芥川龍
二三三	九	小字	與	興
二三五	七	小字	a	A
二三六	七	小字二行	1876l	1876
二四二	十一	小字一行	脱「俍」字	孫俍工
二四三	一	小字二行	1772	1771

二四六	一	小字二行	期	斯
二四九	十	小字二行	1885	1887
二五〇	六	小字二行	aldous	Aldous
二五一	三	十二	夫	塞
二五九	五	小字	Joube	Roube
二九七	一二	小字	楊	揚
三〇二	七	七	辨	辯
三〇三	三	二	間	閒
三一一	一二	小字	戒	戎
三一二	十	小字	Vislet	Violet
三二三	五	小字	Guory	Geory
三二三	十	小字	羅	惟

中華民國二十二年十一月出版

定價大洋一元六角

中華圖書館協會叢書
第六種

文學論文索引續編

編輯者
國立北平圖書館
索引組 劉修業

出版者 中華圖書館協會

總發行 國立北平圖書館 北平文津街一號

代售處 國內外各大書坊